HILFE
AUS
EIGENER
KRAFT

SIBYLLE TOBLER

Neuanfänge – Veränderung wagen und gewinnen

Klett-Cotta

Klett-Cotta
www.klett-cotta.de
© 2009 by J. G. Cotta'sche Buchhandlung Nachfolger GmbH,
gegründet 1659, Stuttgart
Alle Rechte vorbehalten
Printed in Germany
Umschlag: Weiß-Freiburg GmbH – Graphik & Buchgestaltung
Foto: © Xavi Arnau/istockphotos
Abb. S. 11, 61, 116: Microsoft ClipArts
Gesetzt aus der Concorde von Eberl & Koesel Studio, Kempten
Gedruckt und gebunden von Esser printSolutions GmbH, Bretten
ISBN 978-3-608-86115-0

Sechste Auflage, 2023

Bibliografische Information der Deutschen Nationalbibliothek
Die Deutsche Nationalbibliothek verzeichnet diese Publikation in
der Deutschen Nationalbibliografie; detaillierte bibliografische
Daten sind im Internet über http://dnb.d-nb.de abrufbar.

Inhalt

Einleitung: Was im Umgang mit Veränderung
vorwärtsführt 7

1. **BEREITSCHAFT, genau hinzuschauen:
   Bewusst wahrnehmen** 11

   1.1 Ihre Wahrnehmung bestimmt Ihr Handeln 14
   1.2 Ihre Wahrnehmung wird beeinflusst durch
       Ihre Lebensorientierung 25
   1.3 Sie können Ihre Wahrnehmung ändern! 35
   1.4 Schlüsselfrage: Ist meine Wahrnehmung
       motivierend und hilfreich? 40
   1.5 Anregungen 44
   1.6 Zwischenhalt 58

2. **ENTSCHLOSSENHEIT und MUT, vorwärtszugehen:
   Entscheiden und handeln** 61

   2.1 Sie brauchen einen Horizont, der Sie motiviert,
       vorwärtszugehen 63
   2.2 Entscheiden Sie, Kurs zu nehmen auf Ihren
       motivierenden Horizont 72
   2.3 Mögliche Wege erkunden, entscheiden, losziehen
       und dranbleiben 82
   2.4 Schlüsselfrage: Gehe ich in Richtung eines
       motivierenden Horizontes? 97
   2.5 Anregungen 100
   2.6 Zwischenhalt 113

**3. VERTRAUEN »anzukommen«:
Mit dem Leben zusammenarbeiten** 116

3.1 Vertrauen – Ein inneres Wissen,
dass Sie »ankommen« werden 119

3.2 Der »Vertrauenskreis« – Wie Sie Vertrauen
Raum geben 131

3.3 Unterwegs im »Vertrauenskreis« 141

3.4 Schlüsselfrage: Gebe ich wirklich
Vertrauen Raum? 152

3.5 Anregungen 159

3.6 Zwischenhalt 172

4. Was Sie gewinnen, wenn Sie Veränderung wagen 174

Bücher zum Weiterlesen 176

Einleitung: Was im Umgang mit Veränderung vorwärtsführt

*»Es ist nie zu spät, so zu sein,
wie man es gerne gewesen wäre.«*
George Eliot

Dieses Buch ist geschrieben für Menschen, die Veränderung produktiv angehen wollen. Es ist geschrieben für Menschen, die motiviert sind, einer Veränderung in ihrer Lebenssituation offen, selbstverantwortlich und vertrauend zu begegnen; die bereit sind, Veränderung zu wagen; und die verstehen wollen, worauf es dabei ankommt.

Möglicherweise sind Sie so jemand?

Vielleicht finden Sie die Veränderung überhaupt nicht schön, sind durch Ereignisse überrumpelt worden, die Sie sich nicht gewünscht haben – und doch wollen Sie jetzt herausfinden, wie Sie auf gute Weise vorwärtsgehen können. Möglicherweise freuen Sie sich auch. Veränderung kann erwünscht, erhofft sein. Sie wollen Ihren Beitrag leisten, dass das, worüber Sie sich freuen, gedeihen kann. Vielleicht hören Sie aber auch eine innere Stimme, die Ihnen sagt, dass es Zeit ist, sich dafür zu engagieren, dass Ihre Situation anders wird, als sie heute ist. Sie spüren eine Kraft, die Sie ermutigt, Veränderung zu wagen.

Ob Sie durch ein Ereignis zu Veränderung gezwungen werden oder ob Sie Veränderung auf eigene Initiative angehen – was Sie dabei weiterbringt, ist universal und unabhängig von Umständen. Wenn Sie verstehen, was in der Essenz im Umgang mit Veränderung förderlich ist, können Sie dies in jede Situation »übersetzen«.

Sie *können* Veränderungen produktiv angehen. Immer. Sie *können* Veränderungen mutig und vertrauend begegnen. Sie sind auch unerwünschten Veränderungen nicht ausgeliefert. Sie können Situationen nicht immer sofort ändern, aber Sie können immer bestimmen, wie Sie Situationen begegnen. Veränderungen sind mehr als allenfalls lästige Störung. Veränderungen fordern Sie nicht nur auf, Verantwortung zu übernehmen und zu tun, was Sie tun können – sie laden Sie auch ein, neu zu bestimmen, wohin und wie Sie vorwärtsgehen. »*Es ist nie zu spät, so zu sein, wie man es gerne gewesen wäre.*« Veränderungen ermuntern Sie zu klären, wie Sie »gerne gewesen« wären, und es zu wagen, entsprechend zu handeln. Sie haben alles, was Sie dazu benötigen, in sich. Veränderungen bedeuten nicht, dass Sie ein anderer Mensch zu werden brauchen. Veränderungen bedeuten vielmehr, dass Sie sich bewusst werden und nutzen lernen, was schon in Ihnen angelegt ist. Veränderungen sind Ausgangspunkt für persönliches Wachstum. Dies rückt Ihre aktuelle Situation in ein neues Licht.

Üben Sie sich darin, nicht defensiv auf Veränderungen zu reagieren, sondern kreativ zu agieren. Üben Sie sich darin, nicht gegen Veränderungen zu kämpfen, sondern diese so anzugehen, dass Sie als Mensch wachsen. So werden Sie gewinnen: Sie werden nicht nur erfahren, dass Sie die Entwicklung der Dinge positiv beeinflussen können. Sie werden auch erleben, dass Sie dabei ein Stück mehr der Mensch werden, der Sie sind. Dadurch werden nicht nur Ihr Selbstvertrauen und Ihr Vertrauen ins Leben gestärkt, sondern Sie werden auch in Situationen kommen, die Ihnen entsprechen und Raum für Entfaltung geben.

Dieses Buch unterstützt Sie in diesem Prozess. Sie erhalten einerseits Informationen darüber, was für einen förderlichen Umgang mit Veränderung zentral wichtig ist. Sie erhalten andererseits Anregungen, wie Sie dies in Ihrer Situation umsetzen können. Beides ist wichtig: verstehen *und* umsetzen; wissen *und* tun.

Es ist wichtig zu verstehen, was einen förderlichen Umgang mit Veränderung ermöglicht. Drei Dimensionen spielen eine essenzielle Rolle: Bereitschaft, genau hinzuschauen, Entschlossenheit und Mut, vorwärtszugehen, sowie Vertrauen, »anzukommen«. Bereitschaft, genau hinzuschauen, heißt, die Bereitschaft aufzubringen, bewusst wahrzunehmen. Ihre Wahrnehmung bestimmt wesentlich, wie Sie einer Veränderung begegnen. Oft realisieren Menschen dies nicht. Bereitschaft, genau hinzuschauen, bedeutet, dass Sie bereit sind, sich ein klares Bild Ihrer Situation zu machen sowie sich bewusst zu werden, wie Sie diese Situation wahrnehmen. Es bedeutet, dass Sie motivierende und hilfreiche Sicht- und Denkweisen entwickeln. Dies ist im Umgang mit jeder Veränderung die Grundlage, auf der Sie Ihre Zeit und Kraft optimal einsetzen und auf eine Weise handeln können, die Sie vorwärtskommen lässt. Um diese Dimension der Wahrnehmung geht es in Kapitel 1. Entschlossenheit und Mut, vorwärtszugehen, heißt, den Mut aufzubringen, zu entscheiden und zu handeln. Veränderung produktiv anzugehen, erfordert, dass Sie aktiv dazu beitragen, in positive neue Situationen zu gelangen. Dazu brauchen Sie einen Horizont, der Sie motiviert, vorwärtszugehen, ein inneres Bild, wohin Sie gelangen wollen, was Ihnen entspricht. Ein solcher Horizont gibt Ihnen Energie und Orientierung. Es erfordert Entschlossenheit und Mut, Kurs zu nehmen auf diesen Horizont. Um diese Dimension des Handelns geht es in Kapitel 2. Vertrauen, »anzukommen«, heißt schließlich, mit dem Leben zusammenzuarbeiten. Die Dimension des Vertrauens erinnert daran, dass Prozesse und Resultate nicht abgezwungen werden können, sondern zugelassen werden dürfen. Prozesse verlaufen nicht schneller und besser, wenn Sie Druck machen. Im Gegenteil. Prozesse können sich am besten entwickeln, wenn Sie entschlossen tun, was Sie tun können, und zugleich offen bleiben für Lösungen, die sich ergeben. Damit geben Sie dem Vertrauen Raum, dass es auch für Sie möglich ist, in positive neue Situationen zu gelangen. Je mehr sich dieses Vertrauen entwickeln kann, desto leichter und flotter kommen Sie voran. Um diese Dimension des Vertrauens geht es in Kapitel 3.

Es ist aber auch wichtig, diese drei Dimensionen in die eigene Situation zu »übersetzen«. In den Kapiteln 1.5, 2.5 und 3.5 finden Sie Anregungen dazu.

Dieses Buch ist Resultat jahrelanger Erfahrungen in der Begleitung von Hunderten von Menschen in Veränderungsprozessen. Es fließen auch zentrale Elemente meiner Forschungstätigkeit ein. Das Buch stellt die Bündelung meiner wichtigsten Erkenntnisse dar. Sein Inhalt ist ohne Vorkenntnisse nachvollziehbar, weil er an Lebensprinzipien anschließt, die Sie aus eigener Erfahrung kennen, auch wenn Sie sich vielleicht bisher nicht so bewusst damit beschäftigt haben. Der Inhalt des Buches ist vielseitig anwendbar. Richte ich mich hier an Menschen, die motiviert sind, Veränderung selbst anzupacken, so wird das Buch auch all denen Impulse geben, die solche Menschen begleiten.

An dieser Stelle geht ein herzlicher Dank an alle, die mich in meiner Arbeit inspirieren: Menschen, die ich in ihren Veränderungsprozessen begleitet habe; Menschen in meinem privaten Umfeld und bekannte Persönlichkeiten, die mir aufgefallen sind durch ihre mutige Art, mit Veränderungen umzugehen; sowie mein Mann, Bert Wenkenbach, mit dem ich immer wieder Veränderungen durchlaufe. Sie alle haben mich bestärkt, dieses Buch zu schreiben. Von ihnen habe ich Wichtiges gelernt. Sie haben immer wieder die Bedeutung der hier beschriebenen Dimensionen bestätigt. So finden Sie in diesem Buch auch Fallbeispiele. Ich freue mich, wenn Sie daraus Mut schöpfen für Ihren Umgang mit Veränderung. Außer bei öffentlich bekannten Personen und Hinweisen auf eigene Erfahrungen sind alle Namen im Text geändert.

»Veränderung wagen und gewinnen« wird möglich, wenn Sie die drei Dimensionen – Bereitschaft, genau hinzuschauen, Entschlossenheit und Mut, vorwärtszugehen, sowie Vertrauen, »anzukommen« – verstehen und in Ihre Situation übertragen. Je nach Umständen und Persönlichkeit können einzelne Aspekte mehr oder weniger Gewicht haben. Gewichten Sie, was Sie in Ihrer Situation für bedeutend und hilfreich halten.

Von Herzen wünsche ich Ihnen auf Ihrem Weg viel Mut, die nötige Ausdauer, positive Erfahrungen und immer auch Neugierde, Freude und Leichtigkeit. Sie *werden* »ankommen«!

1. BEREITSCHAFT, genau hinzuschauen: Bewusst wahrnehmen

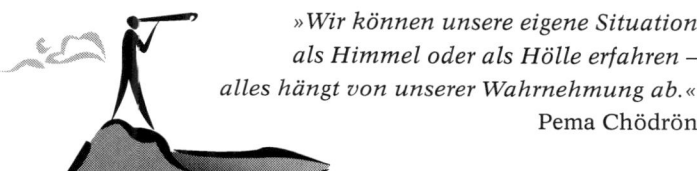

»Wir können unsere eigene Situation
als Himmel oder als Hölle erfahren –
alles hängt von unserer Wahrnehmung ab.«
Pema Chödrön

Wenn sich in unserer Lebenssituation etwas verändert bzw. wenn wir etwas verändern wollen oder müssen, steht oft das Handeln im Zentrum: Was kann ich *tun*? Wie verhalte ich mich gegenüber dieser Veränderung? Möglicherweise lehnen wir uns auf. Vielleicht wollen wir nicht wahrhaben, was ansteht, lenken uns ab. Möglicherweise lassen wir Dinge hilflos über uns ergehen. Oder das Gegenteil: Wir wollen alles sofort lösen. Vielleicht beginnen wir aber gerade jetzt, uns mit Vehemenz für das, was uns wichtig ist, einzusetzen. Wie auch immer: Wir sind beschäftigt damit, Dinge zu tun oder zu lassen, uns zu der Veränderung auf bestimmte Weise zu verhalten.

Meist fragen wir nicht, warum wir einer Veränderung so begegnen, wie wir es tun. Meist fragen wir nicht, ob wir wirklich ein klares Bild unserer Situation haben und ob unser Handeln in dieser Situation optimal ist.

Viele Menschen sind sich nicht bewusst, dass die Art, wie sie einer Veränderung begegnen, damit zu tun hat, wie sie ihre Situation wahrnehmen, worauf sie ihre Aufmerksamkeit lenken, was sie denken, glauben und fühlen.

Alles, was Sie tun – oder auch *nicht* tun –, kommt nicht aus dem Nichts, sondern wird ausgelöst durch die Art, wie Sie wahrnehmen. Ihre Wahrnehmung bestimmt, wie Sie eine Veränderung angehen, und beeinflusst damit, welche Resultate Sie erzielen. Die folgenden beiden Beispiele veranschaulichen dies.

Fallgeschichte

Hans, Ende sechzig und sehr vital, erhielt aus heiterem Himmel die Diagnose einer nicht heilbaren, schnell voranschreitenden Krebserkrankung. Die Konfrontation mit einer enormen Veränderung. Er sah, wie es um ihn stand – er machte sich keine Illusionen. Zugleich richtete er seine Aufmerksamkeit darauf, dass er bisher gesund und erfüllt gelebt hatte, und darauf, dass er die Gelegenheit erhielt, Abschied zu nehmen. Er war dankbar, dass er Zeit hatte, noch zu machen, was ihm wichtig war. Er nahm sehr bewusst Abschied von Tätigkeiten, Orten, Menschen. Er genoss, was ihm in der kurzen Zeit noch möglich war. Daraus schöpfte er Kraft für den Umgang mit der Krankheit. Diese Kraft wirkte auf sein Umfeld.

Fallgeschichte

Eine andere Situation: Barbara, Ende vierzig, erhielt ebenfalls plötzlich die Diagnose einer schnell voranschreitenden Krebskrankheit. Die Diagnose verschärfte die ohnehin schon belastete Lebenssituation: Barbara lebte in einer Ehe, in der sie unglücklich war. Es war nur noch etwas mehr, was zu ihrem Unglück dazukam – so nahm Barbara es wahr. Barbaras Aufmerksamkeit war und blieb auf ihr Unglücklichsein und die damit verbundenen Konflikte gerichtet. Sie brauchte enorm viel Kraft dafür und ließ sich dadurch davon abhalten, das zu machen, was ihr wichtig und noch möglich war.

Zwei ähnlich herausfordernde Situationen. Zwei unterschiedliche Wahrnehmungen. Zwei unterschiedliche Weisen, mit Veränderung umzugehen. Hans brachte die Bereitschaft auf, genau hinzuschauen. Es war ihm klar, dass er es mit einer unheilbaren Krankheit zu tun hatte. Zugleich lenkte er seine Aufmerksamkeit auf Zufriedenheit über Gewesenes und auf Möglichkeiten der noch verbleibenden Zeit. Beides befähigte ihn, die wenigen restlichen Monate seines Lebens optimal zu nutzen und erfüllend zu gestalten. Das Umfeld reagierte mit großem Respekt. Hans machte es anderen leicht, auf ihn zuzugehen, was wiederum zu vielen aufbauenden Erfahrungen führte. Hans starb gelöst – er hatte das Bestmögliche aus seiner Situation gemacht. Anders bei Barbara. Sie brachte die Bereitschaft nicht auf, genau hinzuschauen. Sie wich der Konfrontation mit ihrer Situation aus. Sie richtete ihre Aufmerksamkeit nicht auf das, was ihr jetzt wichtig und noch möglich war. Sie erschöpfte sich in destruktiven Wahrnehmungen. Dadurch verbaute sie sich die Erfahrung, Lösungen finden zu können und darin Kraft zu tanken. Sie hätte die Diagnose auffassen können als letzten Aufruf, die Situation rund um ihre Ehe genau anzuschauen, Prioritäten zu setzen und Maßnahmen zu treffen. Sie hatte den Wunsch, die letzten Monate allein zu wohnen. Es war ihr ein Anliegen, dass ihr Bruder nach ihrem Tod eine wichtige Rolle in der Erziehung ihrer Kinder spielen würde. Dieser und seine Familie waren dazu auch gerne bereit. Doch Barbara richtete ihre Aufmerksamkeit und Kraft nicht auf solche konstruktiven Möglichkeiten. Sie starb in Stress, unglücklich und ihre Kinder in einer ungeregelten Situation hinterlassend. Auf den ersten Blick scheint es verständlich, dass Barbara und Hans aufgrund ihrer Lebensumstände unterschiedlich auf eine ähnliche Diagnose reagierten. Es scheint logisch, dass ein älterer Mann, der zufrieden auf sein Leben zurückblickt, sich positiver auf eine solche Situation einstellt als eine Frau Ende vierzig mit Kindern. Doch selbst wenn dies so wäre – ebenso gut hätte Hans in Panik geraten und Barbara die Diagnose als Impuls verstehen können, jetzt zu ändern, was noch möglich war. Entscheidend ist hier zu erkennen, wie die Wahrnehmung einer Situation den Umgang damit bestimmt.

Es ist wichtig, *vor* allem Handeln genau hinzuschauen: Was ist das für eine Veränderung, die ansteht? Aber auch: Wie nehme

ich meine Situation wahr? Worauf lenke ich meine Aufmerksamkeit? Was sehe ich? Was denke, glaube und fühle ich? Wie wirkt sich dies aus?
Genaues Hinschauen lässt entdecken, wo Wege weiterführen.

1.1 Ihre Wahrnehmung bestimmt Ihr Handeln

>»Der Vorfahre jedes Tuns ist ein Gedanke.«
>Ralph Waldo Emerson

Genaues Hinschauen beginnt damit, dass Sie Veränderung benennen. Indem Sie sich bewusst sind, dass die Art, wie Sie diese Veränderung wahrnehmen, wesentlich bestimmt, wie Sie handeln, haben Sie den Schlüssel in der Hand, Veränderung produktiv anzugehen.

Basis erfolgreichen Handelns: Veränderung benennen

Veränderung zu benennen heißt: Klarheit schaffen, wie und wo Veränderung ein Thema ist (Ausgangslage), sowie auf den Punkt bringen, wozu diese Veränderung herausfordert (Inhalt). Etwa: »Ich bin unsicher, ob ich den Schwerpunkt auf meine Karriere oder doch lieber auf meine Familie legen will – es geht darum: Wie kann ich eine zu mir passende Antwort auf diese Frage finden und entsprechend handeln?« Oder: »Ich habe Mühe mit der bevorstehenden Pensionierung; ich habe das Gefühl, niemand zu sein, wenn ich nicht arbeite – es geht darum: Was hilft mir, diesen Übergang so anzugehen, dass ich mich darauf freuen kann?«

Manchmal fällt es nicht schwer, Veränderung zu benennen: Sie trennen sich von Ihrem Partner. Die Veränderung liegt darin, dass Sie Ihr Leben ohne diesen Menschen neu ausrichten. Oder Sie sind durch eine Herzkrankheit gezwungen, Ihre bisherige Berufstätigkeit aufzugeben. Die Veränderung beinhaltet, dass Sie einen neuen Umgang mit Ihrem Körper einüben und abklären, was beruflich möglich ist.

Manchmal stellt aber bereits das Benennen einer Veränderung eine Herausforderung dar. Sie hören eine innere Stimme, die sagt: »Das kann es doch nicht sein!« oder »Wenn du so weitermachst, tut dir das nicht gut!« Sie fühlen eine Unruhe, vielleicht Unzufriedenheit, vielleicht auch einen Druck. Dinge sind diffus, Sie spüren, dass etwas ansteht, aber Sie vermögen (noch) nicht auf den Punkt zu bringen, was. Möglicherweise stellt das Benennen einer Veränderung auch eine Herausforderung dar, weil mehrere Veränderungen gleichzeitig anstehen und nicht ohne Weiteres klar ist, wo zu beginnen ist. Wie können Sie Veränderung benennen, wenn Dinge diffus oder mehrere Themen miteinander verwoben sind? Indem Sie die Bereitschaft aufbringen, genau hinzuschauen. Das heißt: Indem Sie innehalten, dem nachgehen, was Ihre Aufmerksamkeit auf sich zieht, und wie ein Detektiv erkunden, wohin diese Spur führt. Wenn Sie etwa eine innere Stimme hören, die sagt: »Wenn du so weitermachst, tut dir das nicht gut!« Erkunden Sie: Was heißt »*so* weitermachen«? Aha, das heißt, am Arbeitsplatz so weiterzumachen, obwohl mehrere Anzeichen auf Rot stehen. Und schon können Sie die Veränderung benennen: »Es geht darum, die Arbeitssituation unter die Lupe zu nehmen, zu klären, was dort verbessert werden kann, bzw. allenfalls eine neue berufliche Perspektive zu entwickeln.« Das gleiche Vorgehen ermöglicht auch in Situationen, in denen mehrere Veränderungen gleichzeitig anstehen, auf den Punkt zu bringen, wo anzusetzen ist. Bei Barbara, von der in der Einleitung zu diesem Kapitel die Rede war, ging es vordergründig um die durch die Krankheitsdiagnose ausgelöste Veränderung. Auf den ersten Blick würde man annehmen, dass Veränderung hier beinhaltete, die optimalen medizinischen Therapien zu finden und einen passenden Umgang mit der Krankheit zu entwickeln. Doch die Krankheit konfrontierte sie mit einer anderen, länger anstehenden Veränderung: Einer Veränderung in der Partnerschaft. Letztlich beinhaltete Veränderung hier die Herausforderung, die private Situation noch so weit in Ordnung zu bringen, dass Barbara in Frieden sterben und die Kinder in einer geregelten Situation hinterlassen konnte. Hätte Barbara sich ihre

Situation genau angeschaut und erkundet, worauf ihre Aufmerksamkeit gerichtet war, wäre sie schnell auf ihr Unglücklichsein gekommen – darüber sprach sie auch oft. Dann hätte sie weiterfragen können: Was genau löst dieses Gefühl aus? Auch hier lag die Antwort auf der Hand: die jahrelangen Konflikte mit ihrem Partner, aber auch die Sorgen um die Erziehung ihrer Kinder in dieser gespannten Situation. Und schon hätte sie Veränderung benennen können: »Ich muss damit rechnen, nicht mehr viel Zeit zu haben. Es geht darum, dass ich unter diesen Umständen die Situation in der Partnerschaft so weit wie möglich stehen lasse, um meine Zeit und Energie für eine gute Regelung für die Kinder nutzen zu können und für das, was mir jetzt guttut.«

Manchmal wird dem Benennen einer Veränderung ausgewichen. Barbara hatte nicht auf den Punkt gebracht, um welche Veränderung es bei ihr ging. Sie hatte vermutlich Angst, ihrem Unglücklichsein wirklich in die Augen zu sehen; nicht nur darunter zu leiden, sondern sich mit aller Konsequenz klarzumachen, dass sie selber dazu beitragen konnte, sich besser zu fühlen. Für das Ausweichen vor dem Benennen einer Veränderung gibt es nur ein Rezept: die Bereitschaft aufzubringen, dies zu ändern. Was dazu ermutigt, ist die Erkenntnis, dass mit Ausweichen die Belastung nicht verschwindet. Mit dem Benennen einer Veränderung legen Sie die Basis, auf der Sie die Entwicklung der Dinge beeinflussen und dazu beitragen können, in positive neue Situationen zu gelangen. Sie übernehmen Verantwortung. Das stärkt Ihre Selbstachtung und setzt Kräfte frei. Nehmen Sie sich an der Hand. Sie können nur gewinnen. Sie werden erfahren, dass dort, wo Sie Ausweichmanövern ins Auge schauen, Energie frei wird. Sie werden eine neue Seite an sich entdecken: Bereitschaft und Fähigkeit, Klarheit zu erlangen.

Wenn Sie Veränderung benennen, ist es enorm wichtig, dass Sie Ihre gesamte Lebenssituation im Blick haben und möglichst *genau* auf den Punkt bringen, um welche Veränderung es im *Kern* geht. Veränderung beeinflusst die ganze Lebenssituation. Veränderungen in einem Bereich können mit Veränderungen in anderen Bereichen einhergehen. Nicht immer steht Veränderung dort oder nur dort an, wo es auf den ersten Blick scheint. Seien Sie sich dessen bewusst, erkunden Sie Ihre gesamte Lebenssituation und fragen Sie kritisch: »Geht es wirklich um die Veränderung, die ich jetzt benannt habe? Ist das wirklich alles? Oder geht es noch um etwas anderes?« Genaues Hinschauen beinhaltet, dass Sie nicht nur Ausgangslage und Symptome wahrnehmen und benennen, sondern auch, dass Sie danach fragen, was diesen zugrunde liegt, ob es einen gemeinsamen Nenner gibt und wo anzusetzen ist. Bleiben Sie nicht bei Symptomen hängen. Insbesondere, wenn es an mehreren Orten gleichzeitig »brennt«, haben Menschen oft die Tendenz, atemlos Feuer zu löschen. Sie sind sehr beschäftigt, haben das Gefühl, keine Zeit zu haben, einmal genau hinzuschauen. Häufig führt dies zu Frustration und Erschöpfung statt zu einer Verbesserung der Situation. Worauf solche Menschen dann oft noch »mehr desselben« tun. Nicht selten führt dies in einen Burnout. Nehmen Sie sich Zeit und erkunden Sie, was hinter den Phänomenen liegt, die Sie zurzeit in Atem halten mögen. Dazu kann es nützlich sein, sich die Frage zu stellen, wie es zur aktuellen Situation gekommen ist und in welcher Reihenfolge all die »Feuer« entstanden sind, die Sie jetzt löschen möchten. Möglicherweise finden Sie einen gemeinsamen Nenner – dass beispielsweise die Überlastung am Arbeitsplatz, Schlafstörungen und Konflikte in der Partnerschaft darauf zurückzuführen sind, dass Sie Mühe haben, Prioritäten zu setzen, dies zu Arbeitsbergen führt, was sich wiederum negativ auf Schlaf und Beziehung auswirkt. Im Kern würde Veränderung hier beinhalten zu lernen, Prioritäten zu setzen. Indem Sie auf den Punkt bringen, worum es in Ihrer Situation geht, schaffen Sie die Basis, Veränderung wirksam angehen zu können.

Abbildung 1 auf Seite 18 fasst das bisher Gesagte zusammen.

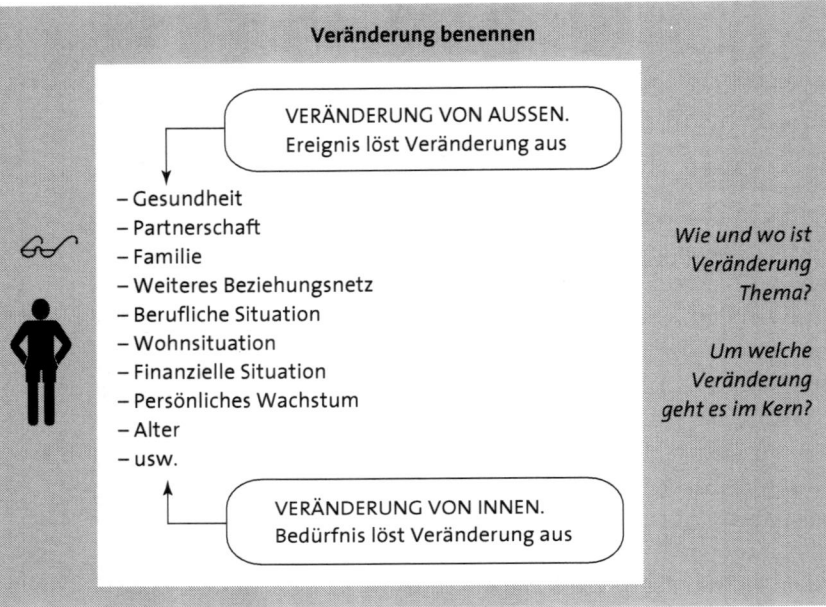

Abbildung 1

Die gleiche Situation kann unterschiedlich wahrgenommen werden!

Ebenso wichtig wie das Benennen einer Veränderung ist es, sich zu vergegenwärtigen, wie Sie diese wahrnehmen.

Wir nehmen Veränderung unterschiedlich wahr. Ja, die gleiche Situation kann sehr unterschiedlich wahrgenommen werden. Während die eine Person eine Kündigung als Katastrophe wahrnimmt, sieht die andere darin eine Möglichkeit, einen beruflichen Schritt zu wagen. Während die eine Person Konflikte in der Partnerschaft als unlösbar einstuft, sieht die andere darin den Anlass zu klären, wie sie die Situation verbessern kann. Während die eine Person eine Erkrankung für hoffnungslos hält, versteht die andere diese als Impuls, mit Vehemenz Prioritäten zu setzen. Wie im Zitat am Anfang von Kapitel 1 zum Ausdruck kommt: Wir können dieselbe Situation als Himmel oder als Hölle erfahren.

Warum ist das so? Ihre Wahrnehmung ist nicht die Wirklichkeit, sondern Ihre *Sicht* der Wirklichkeit. Das ist den meisten Menschen freilich oft nicht bewusst. Häufig wird die eigene Wahrnehmung für die Wirklichkeit gehalten, die Wahrnehmung der Situation mit der Situation selbst verwechselt. Wir sagen etwa: »Es *ist* doch so, dass ich meine Stelle verliere!«, »Es *ist* doch so, dass mein Mann mich abwertet!«, »Es *ist* doch so, dass ich unheilbar an Krebs erkrankt bin!« Das sind Wahrnehmungen, *Teil*abbildungen von Wirklichkeit. Es sind Abbildungen dessen, wie die Person, die so spricht, Wirklichkeit sieht, worauf *sie* ihre Aufmerksamkeit lenkt. Wenn jemand eine Kündigung erhalten hat, *ist* es so, dass diese Person nicht mehr in dieser Stelle arbeiten wird. Dies als Verlust zu sehen, ist *eine* Möglichkeit, diese Wirklichkeit wahrzunehmen. Die Person könnte auch sagen: »Es *ist* doch so, dass ich die Möglichkeit erhalte, beruflich noch etwas anderes zu machen!« Wo sich eine Frau von ihrem Mann abgewertet fühlt, ist ihre Aussage Abbildung einer Wirklichkeit, in der es eine Störung gibt. Sie könnte auch sagen: »Es *ist* doch so, dass ich mir klar werden will, wie ich unabhängig vom Verhalten meines Mannes in eine Situation komme, in der ich mich gut fühle.« Selbst die Aussage des Krebspatienten ist eine Teilabbildung von Wirklichkeit; die Person könnte auch sagen: »Es *ist* so, dass ich an Krebs erkrankt bin und vielleicht nicht mehr lange zu leben habe, aber es ist *auch* so, dass ich meine Gesundheitskräfte mobilisieren kann, um das zu tun, was mir jetzt wichtig ist.« Wahrnehmung ist Abbildung und Interpretation eines Teils der Wirklichkeit – *eine* mögliche Art, Ereignisse, Situationen, Beziehungen zu sehen. Es gibt auch andere.

Ihre Wahrnehmung ist wie eine Brille, durch die Sie Ihre Situation, eine Veränderung, sich und andere Menschen sehen. Durch diese Brille rücken bestimmte Dinge in den Vordergrund, während andere im Hintergrund bleiben. Mit Ihrer Wahrnehmung gewichten und filtern Sie. Sie fokussieren Ihre Aufmerksamkeit auf bestimmte Aspekte, während Sie andere unbeachtet lassen. Was nun entscheidend ist: *Worauf* richten Sie Ihre Aufmerksamkeit? Was rücken Sie in den Vordergrund? Was bleibt im Hintergrund? Der Aufmerksamkeitsfokus ist entscheidend: Worauf Sie Ihre Brille richten, bestimmt, was Sie sehen.

Aufgrund dessen, was Sie durch Ihre Brille sehen, entwickeln Sie bestimmte Gedanken, Überzeugungen und Gefühle. Sie denken: »Ich habe jetzt keine Zeit!«, »Warum muss mir das passieren?«, »Ich will nichts damit zu tun haben!« oder auch: »Was kann ich hier tun?«, »Das ist gut so!«, »Endlich!« Sie interpretieren, erklären das, was Sie sehen. Sie halten Dinge für möglich, andere für unmöglich. Sie glauben, dass es aussichtslos ist oder dass Sie das schaffen werden. Sie sind überzeugt, dass Sie ungerecht behandelt werden. Oder dass Sie Glück im Unglück haben. Sie werten und kategorisieren. Sie halten etwas für falsch oder für richtig, für unangebracht oder angemessen. Aufgrund dessen, was Sie sehen, denken und glauben, entwickeln Sie Gefühle: Was Sie sehen, macht Ihnen Angst. Oder löst Freude aus. Sie ärgern sich. Oder sind begeistert.

Aufmerksamkeitsfokus, Sehen, Denken, Glauben und Fühlen bilden eine Kette: Worauf Sie Ihre Aufmerksamkeit richten, bestimmt, was Sie sehen. Was Sie sehen, bestimmt, was Sie denken und glauben. Was Sie denken und glauben, bestimmt, was Sie fühlen. Wenn Sie Ihre Aufmerksamkeit auf etwas richten, können Sie etwas anderes nicht sehen, schließen damit bestimmte Gedanken, Überzeugungen und Gefühle aus. Wenn Sie ins Dunkel schauen, sehen Sie Dunkelheit. Wenn Sie ins Licht schauen, sehen Sie Helligkeit. Wenn Sie Ihre Aufmerksamkeit auf das richten, was Sie nicht wollen, werden Sie entdecken, was Sie stört, belastet, unglücklich sein lässt. Wenn Sie Ihre Aufmerksamkeit auf das richten, was Sie sich wünschen, werden Sie erkennen, was Ihnen wichtig ist. Wenn Sie Ihre Aufmerksamkeit auf Probleme richten, türmen sich Probleme vor Ihnen auf. Sie denken: »Das ist schwierig!« oder: »Das ist doch ein Riesenproblem!« Sie glauben: »Das schaff ich kaum!«, »Es ist unmöglich, dass es dafür eine Lösung gibt!« Sie sind entmutigt, resignieren vielleicht oder ärgern sich. Wenn Sie Ihre Aufmerksamkeit auf Möglichkeiten und Lösungen richten, entdecken Sie Möglich-

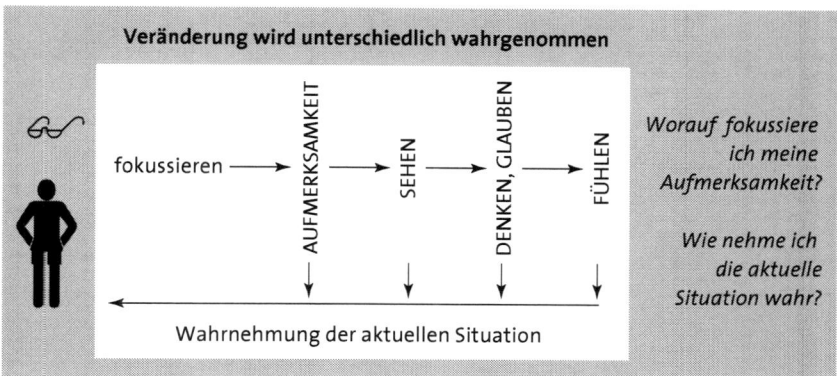

Abbildung 2

keiten und Lösungen. Sie denken: »Hier gibt es doch sicher eine Möglichkeit!« oder: »Ich habe noch immer eine Lösung gefunden.« Sie glauben »Ich werde Wege finden, wie ich das anpacken kann!« Sie strahlen Zuversicht und Optimismus aus.

In Abbildung 2 ist die Kette von Aufmerksamkeitsfokus, Sehen, Denken, Glauben und Fühlen zusammengefasst.

Nicht die Situation, sondern Ihre Wahrnehmung bestimmt Ihr Handeln

Warum ist es wichtig, sich damit zu beschäftigen, wie Sie wahrnehmen?

Es ist wichtig, weil Ihre Wahrnehmung bestimmt, was Sie tun. Ihr Handeln entsteht aufgrund dessen, was Sie zuvor sehen, denken, glauben, fühlen. Es sind nicht Umstände, Personen, Geld, Glück, Schicksal oder Gott, die entscheiden, wie Sie eine Veränderung angehen. Es ist Ihre *Wahrnehmung*, das, was *Sie* sehen, denken, glauben, fühlen. Wenn Sie eine Veränderung als Katastrophe wahrnehmen, werden Sie anders entscheiden und handeln, als wenn Sie sie als Aufforderung und Chance verstehen, einen Schritt weiter zu kommen im Leben. Wenn Sie sich als machtloses Opfer von Umständen verstehen, werden Sie anders handeln, als wenn Sie überzeugt sind, dass Sie Einfluss nehmen können auf Ihre Situation. Wenn Sie denken, Sie könnten etwas nicht tun, weil Sie das Geld dazu nicht haben, werden Sie anders entscheiden und handeln, als wenn Sie überzeugt sind, dass Sie zuerst alles Ihnen Mögliche tun müssen, bevor Sie sagen, dass es nicht geht.

Ihre Wahrnehmung fördert bestimmte Handlungsrichtungen und schließt andere aus. Sie handeln aufgrund dessen, was Sie sehen, denken, glauben, fühlen. Sie handeln nicht aufgrund dessen, was Sie *nicht* sehen, *nicht* denken, *nicht* glauben, *nicht* fühlen. Wenn Sie beispielsweise Ihre Aufmerksamkeit auf die Frage nach Schuld richten, werden Sie Schuldige suchen. Sie werden sich selber, andere oder Umstände beschuldigen für die Situation, in die Sie geraten sind. Dies wird Sie davon abhalten, sich damit zu beschäftigen, was Sie jetzt tun können. Wenn Ihre Aufmerksamkeit auf Ohnmacht liegt, wenn Sie denken, dass Sie ohnehin nichts beeinflussen können, werden Sie sich macht-los verhalten und Dinge über sich ergehen lassen. Sie werden kaum Schritte unternehmen, um Ihre Situation in eine positive Richtung zu beeinflussen. Ist Ihre Aufmerksamkeit auf Lösungen gerichtet, werden Sie Lösungen suchen und finden. Dies wiederum ermutigt Sie, weitere Lösungen zu finden. Ist Ihre Aufmerksamkeit auf Lebensvisionen gerichtet, werden Sie sich an Ihren Visionen orientieren und in deren Richtung vorwärtsgehen. Sie werden kaum um trübselige Gedanken kreisen oder abwarten, wie sich die Dinge entwickeln. Und so weiter. Ihr Handeln entspricht in logischer Weise Ihrer Wahrnehmung. In Abbildung 3 wird diese Beziehung zwischen Wahrnehmung und Handeln veranschaulicht.

Ihre Wahrnehmung beeinflusst, in welche Situationen Sie gelangen

Sie kommen nicht einfach so in Situationen. Sie sind immer aktiv daran beteiligt – durch die Art, wie Sie wahrnehmen, entscheiden und handeln.

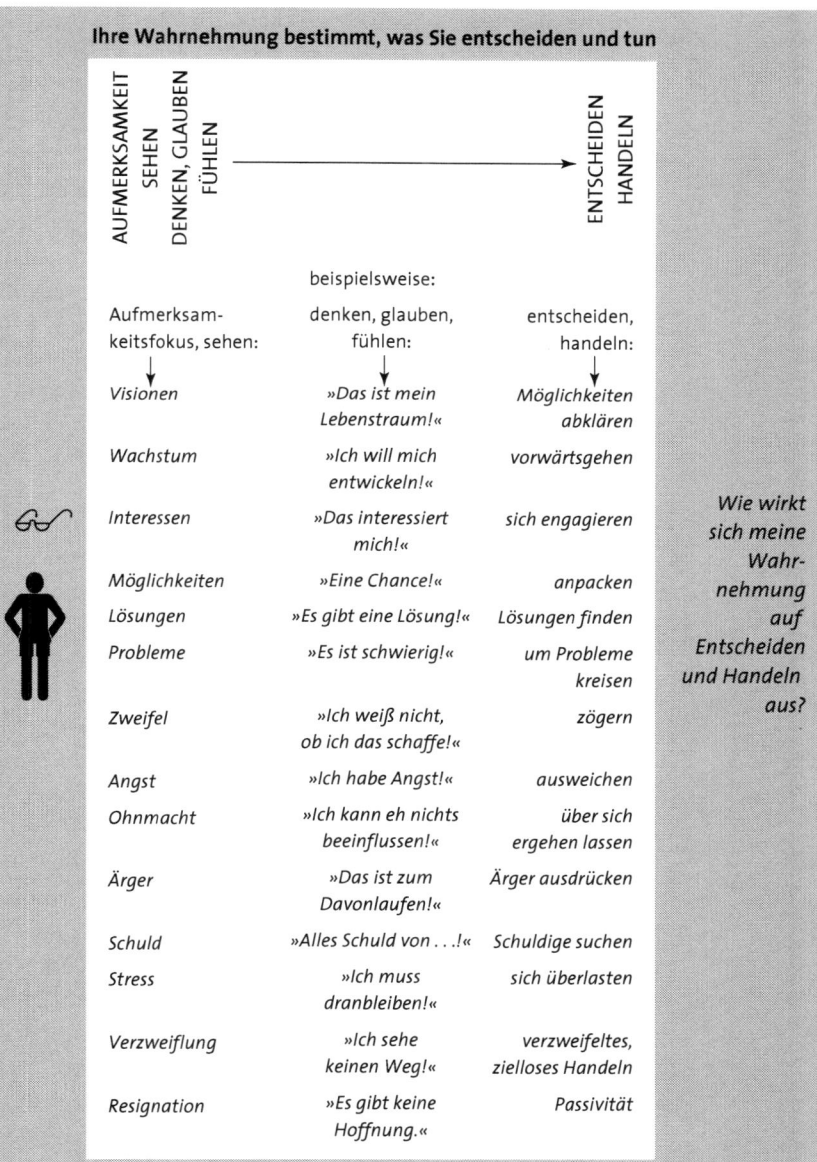

Abbildung 3

Unsere Lebenssituation ist zu einem großen Teil Resultat unserer Handlungen und Entscheidungen. Diese sind wiederum Resultat unserer Wahrnehmung. Wenn eine Situation nicht befriedigend ist, wissen wir also, wo wir ansetzen können: bei unserem Handeln und Entscheiden, aber vor allem bei unserer Wahrnehmung. *Anderes* Wahrnehmen führt zu anderem Entscheiden, zu anderem Handeln und damit allmählich zu anderen Resultaten und Lebenssituationen.

Ist es denn nicht so, dass bestimmte Menschen Glück und andere eben Pech haben? Sind nicht die Umstände entscheidend?

Natürlich gibt es günstigere und weniger günstigere Voraussetzungen. Entscheidend ist aber immer, wie Sie diese wahrnehmen und angehen. Es kann sich jemand aus misslichen Verhältnissen hinausentwickeln, während ein anderer mit besten Voraussetzungen nichts anfängt. *Wayne W. Dyer, Bestsellerautor von Empowermentbüchern, ist als Kind einer allein erziehenden Mutter und eines Alkoholikers, der seine Familie früh verlassen hatte, zeitweise in Heimen aufgewachsen; keine optimale Ausgangslage. Er hat sich aber nicht an den Schwierigkeiten orientiert, sondern an seiner inneren Stimme, die ihm zurief, den Weg zu gehen, den er gegangen ist. Er hat mit seinen Büchern, Vorträgen, Medienauftritten Millionen von Menschen ermutigt, ebenfalls auf ihre innere Stimme zu hören und ihre Kraft zu nutzen – statt sich darauf zu berufen, wie schwierig und benachteiligt doch ihre Situation sei.*

Auch wenn Sie die Sie umgebende Wirklichkeit nicht immer oder zumindest nicht immer sofort ändern können, so können Sie immer beeinflussen, wie Sie diese Wirklichkeit wahrnehmen. Sie können immer entscheiden, wie Sie sich zu dieser Wirklichkeit verhalten, selbst wenn Spielräume sehr gering, die Herausforderungen enorm sind. Manch einer hat schon – gerade in solchen Situationen – in sich ungeahnte Kräfte, Fähigkeiten, Ideen mobilisiert. *Frida Kahlo, eine mexikanische Malerin, wurde als 18-jähriges Mädchen durch einen Unfall körperlich beinahe völlig verstümmelt. Sie musste ein Jahr lang, in ein Korsett gezwängt, ruhig im Bett liegen. Eine wohl kaum auszu-*

haltende Situation. Ihre Mutter kam auf die Idee, Spiegel über ihr Bett zu montieren – und Frida Kahlo begann zu malen, was sie sah: sich selbst. Das war der Anfang ihrer erfolgreichen Karriere als Künstlerin – trotz ihrer anhaltenden körperlichen Einschränkungen. Plötzlicher und eingreifender kann die Veränderung einer Lebenssituation fast nicht sein, ein kleinerer Handlungsraum ist kaum denkbar – und doch: Frida Kahlo hat sich auf dieses Minimum an Möglichkeiten konzentriert und daraus ein Maximum entwickelt.

1.2 Ihre Wahrnehmung wird beeinflusst durch Ihre Lebensorientierung

»*Jedes Leben steht unter seinem eigenen Stern.*«
Hermann Hesse

Nun fragen Sie vielleicht: Wie kommt es, dass ich so und nicht anders wahrnehme? Warum denke ich über diese Veränderung so und nicht anders? Warum löst sie in mir diese und nicht andere Gefühle aus?

Wie kommt es, dass es Menschen gibt, die überall Probleme, Schwierigkeiten, Ungerechtigkeiten sehen, unzufrieden, unglücklich sind und auch noch so viel Pech zu haben scheinen, während andere bei allem Positives entdecken, optimistisch sind und immer wieder kreative Lösungen finden? Wie ist es zu erklären, dass Menschen ob einer Veränderung in ihrer Lebenssituation verzweifeln und andere in der gleichen Situation ihre eigene Kraft entdecken und die unglaublichsten Resultate erzielen?

Wir greifen auf vertraute Wahrnehmungen zurück

Wie Sie Ihre aktuelle Situation wahrnehmen, kommt nicht aus dem Nichts. Sie greifen auf Ihre gewohnten, für Sie charakteristischen Sicht-, Denk- und auch Handlungsweisen zurück.

Sie greifen auf Ihre Lebensorientierung zurück. Was ist unter Lebensorientierung zu verstehen? Ihre Lebensorientierung ist so etwas wie ein Kompass, mit dem Sie durch Ihr Leben navigieren. Ihre Lebensorientierung umfasst Anschauungen, die Art, wie Sie sich, Ihre Mitwelt, das Leben sehen. Sie beinhaltet Denkmuster, Ihre Art, über sich, Ihre Mitwelt und das Leben zu denken. Ihre Lebensorientierung enthält Glaubenssätze, das, wovon Sie überzeugt sind, was Sie für bedeutsam oder unwichtig, für wahr oder falsch, für erstrebenswert oder verwerflich, für möglich oder unmöglich halten, was Sie erhoffen und wünschen, worauf Sie vertrauen, was Ihnen Sinn vermittelt und wofür Sie sich engagieren wollen. Ihre Lebensorientierung umfasst schließlich Gefühle, eine Grundstimmung, mit der Sie durchs Leben gehen.

In Abbildung 4 kommt zum Ausdruck, dass die Art, wie Sie Ihre aktuelle Situation wahrnehmen, was Sie *jetzt*, in Bezug auf die aktuelle Situation, sehen, denken, glauben und fühlen, zusammenhängt mit der Art, wie Sie das Leben wahrnehmen, an welchen Anschauungen, Denkmustern, Glaubenssätzen und Gefühlen Sie sich *üblicherweise* orientieren.

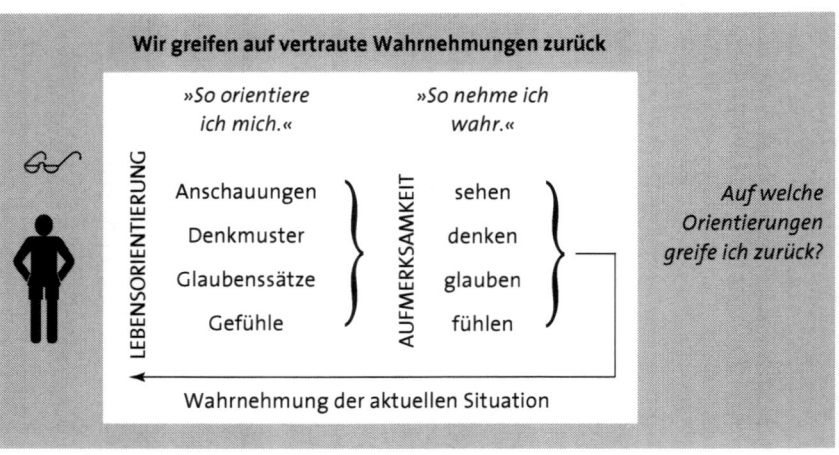

Abbildung 4

Ihre Lebensorientierung ist ein dynamisches Ganzes. Sie haben viele verschiedene Ansichten, Überzeugungen, Werte, Gefühle – auch widersprüchliche, miteinander konkurrierende. Je nach Situation rücken einzelne Aspekte in den Vordergrund, erhalten Gewicht, machen zu gegebener Zeit wieder anderen Platz.

Zugleich gibt es einige charakteristische Aspekte, die sich wie ein »roter Faden« durch Ihr Leben ziehen, die Ihr Wahrnehmen und Handeln prägen. Diese Aspekte spiegeln sich etwa im Bild, das andere Menschen von Ihnen haben – Sie werden wahrgenommen als pessimistisch oder optimistisch (Sie orientieren sich an Gefahren und Risiken bzw. an Möglichkeiten und Lösungen), als ängstlich oder fröhlich (Sie geben Gefühlen der Angst oder der Fröhlichkeit viel Raum) usw. Wenn Sie sich in einer Veränderung mit Ihrer Lebensorientierung beschäftigen, geht es vor allem um diese charakteristischen Aspekte.

Ihre Lebensorientierung ist wie Ihre Wahrnehmung der aktuellen Lebenssituation nicht die Wirklichkeit, sondern Ihre *Sicht* der Wirklichkeit. Freilich ist auch dies oft nicht bewusst – wir haben uns so gewöhnt an unsere Art, das Leben zu sehen und uns im Leben zu orientieren, dass wir unhinterfragt und mit einer Selbstverständlichkeit auf Anschauungen, Denkmuster, Glaubenssätze, Gefühle zurückgreifen, als gäbe es keine andere Art zu sehen, denken, glauben, fühlen. Das Leben ist nicht schlecht oder gut, ungerecht oder gerecht, anstrengend oder inspirierend – das sind lediglich unsere Sichtweisen.

Wie entsteht unsere Lebensorientierung?

Sie sind nicht als Pessimist oder Optimist geboren. Sie entwickeln Ihre Lebensorientierung. Sie entwickeln sie einerseits aufgrund dessen, was in Ihnen angelegt ist, was Ihrer Persönlichkeit, Ihrem Wesen entspricht. Sie entwickeln Ihre Lebensorientierung andererseits aber auch in Auseinandersetzung mit Ihrem Umfeld, aufgrund Interpretation und Verarbeitung äußerer Impulse und Erfahrungen. Sie lassen sich in der Entwicklung Ihrer Lebensorientierung von Ihrem Umfeld beeinflussen, passen sich an, werfen Ansichten über Bord, übernehmen Anschauungen. Vielleicht, weil es Ihnen entspricht und Sie inspiriert, vielleicht auch, weil Sie sich damit Akzeptanz und Zugehörigkeit versprechen, möglicherweise aber auch, weil Sie mit Sanktionen zu rechnen haben, wenn Sie nicht so sehen, denken, glauben und fühlen wie Ihr Umfeld. Auf diese Weise bildet sich die Lebensorientierung früh in oft nicht bewussten Prozessen. Auf Ihre ganz eigene Weise machen und verarbeiten Sie Erfahrungen. Sie ziehen Schlüsse, verfeinern, verstärken, korrigieren Ihre Orientierungen. So werden Sie beispielsweise ein Optimist oder eine Optimistin, weil Sie vom Wesen her fröhlich, begeisterungsfähig, voller Ideen sind und schnell Lösungen entwickeln können. Sie machten damit unter Umständen schon als kleines Kind die Erfahrung, gut über die Runden zu kommen; Sie wurden vom Umfeld unterstützt, gelobt, erhielten Zuwendung und kamen mit Leichtigkeit voran. Doch Optimismus kann auch unerwünscht sein. Sie können in ein Umfeld geboren sein von Zweiflern und Pessimisten, da ist Optimismus eher eine Bedrohung. Hier haben Sie vielleicht gelernt, dass es besser ist, still und zurückhaltend zu sein. Das kann so weit gehen, dass Sie Ihr eigenes Wesen nicht mehr zum Ausdruck bringen, selbst keinen Zugang mehr dazu haben, dass Sie völlig die Orientierungen anderer übernommen, sozusagen wie einen Filter übergestülpt haben. Eine Veränderung kann Sie schmerzhaft damit konfrontieren, dass Sie nicht wissen, wer Sie wirklich sind, was Ihnen entspricht, was Sie wollen und können.

Auf diese Weise entwickeln Sie aus Anteilen Ihrer Persönlichkeit, äußeren Einflüssen und Ihrer Interpretation und Verarbeitung von Erfahrungen Ihre Lebensorientierung. In Abbildung 5 sind diese wichtigsten Aspekte festgehalten.

Lebensorientierung – »Leitplanke« im Alltag

Ihre Lebensorientierung ist eine Art »Leitplanke«, innerhalb der Sie sich in der Vielfalt von Erfahrungen orientieren. Sie ist Bezugsrahmen, auf den Sie zurückgreifen, um Ihre Erfahrungen einzuordnen und zu interpretieren.

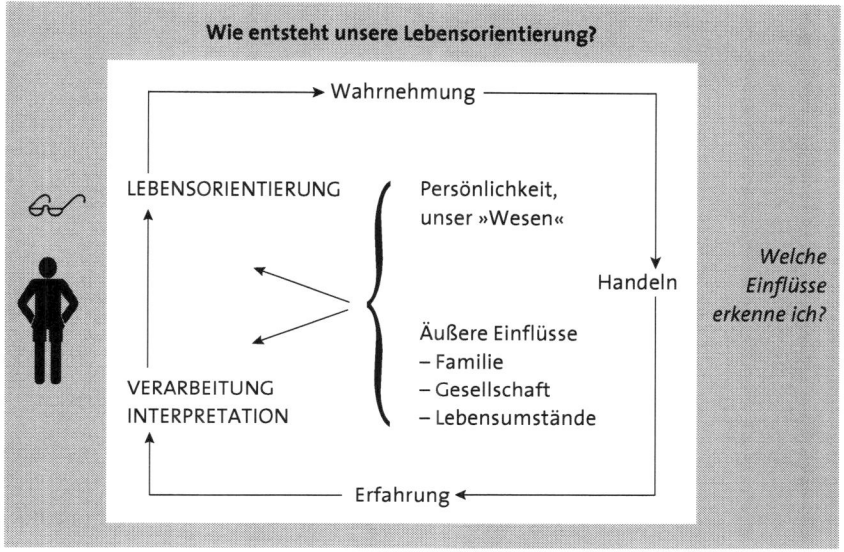

Abbildung 5

Auch eine Veränderung ordnen Sie im Rahmen Ihrer Lebensorientierung ein. Wenn Sie sich angewöhnt haben, überall Gefahren und Risiken zu wittern, dann werden Sie auch jetzt Ihre Aufmerksamkeit darauf richten, was alles schiefgehen könnte. Wenn Sie gewöhnlich davon ausgehen, dass Dinge sich positiv entwickeln können, dann werden Sie dies auch nun tun. Wenn Sie im Laufe Ihres Lebens die Überzeugung entwickelt haben: »Das Leben ist ungerecht!«, dann werden Sie das auch jetzt, beispielsweise wenn Ihre Arbeitsstelle wegrationalisiert wird, tun; Sie werden sich einmal mehr in Ihrer Überzeugung bestätigt fühlen. Wenn Sie andererseits überzeugt sind, dass Ihnen das Leben immer wieder neue Möglichkeiten schenkt und dass Sie Fähigkeiten und Talente mit auf Ihren Lebensweg bekommen haben, die Ihnen helfen, Herausforderungen zu meistern, werden Sie der *gleichen* Situation – konfrontiert damit, eine neue Arbeitsstelle finden zu müssen – anders begegnen; Sie werden sich nicht damit beschäftigen, was in welcher Weise ungerecht ist, sondern sich Gedanken machen, wie Sie Ihre Erfahrungen, Fähigkeiten, Interessen nutzen können für nächste Schritte.

Der Rückgriff auf vertraute Orientierungen ist nützlich – er spart Kraft, vermittelt Sicherheit und erschließt Ressourcen. Sie können auf bereits vorhandene Sichtweisen, Interpretationen, Handlungsstrategien und Erfahrungen zurückgreifen, müssen also nicht immer wieder aus unzähligen möglichen Sichtweisen einen Standpunkt entwickeln. Dadurch erhält eine neue Situation einen vertrauten Charakter und verliert an Bedrohlichkeit.

Lebensorientierung – Hilfreiche Ressource oder Stolperstein?

Im günstigen Fall erhalten Sie durch den Rückgriff auf vertraute Orientierungen Ideen, Kraft und Mut, jetzt Anstehendes anzupacken. Vertraute Sicht- und Denkweisen können wichtige Ressourcen sein. Wenn Sie davon überzeugt sind, dass das Leben dazu da ist, gestaltet zu werden, wird Sie das *jetzt* dazu veranlassen, entsprechend zu handeln. Wenn Fröhlichkeit eine wichtige Komponente Ihrer Lebensorientierung ist, werden Sie nun daraus Kraft schöpfen, eine schwierige Passage zu bewältigen. Wenn Sie bei einer früheren Veränderung erfahren haben, dass Ihnen Ihr Optimismus geholfen hat, nicht aufzugeben, dann werden Sie der aktuellen Herausforderung wiederum optimistisch begegnen. Überzeugt, dass Dinge sich positiv entwickeln können, werden Sie sich auf die Suche nach Lösungen machen und dabei auf Vorgehensweisen zurückgreifen, die Ihnen damals geholfen haben. Die Wahrscheinlichkeit, dass Sie so in eine positive neue Situation gelangen, ist wesentlich größer, als wenn Sie sich von Pessimismus leiten lassen. Und indem Sie erneut erfahren, dass Optimismus hilfreich ist, stärken Sie diesen Aspekt Ihrer Lebensorientierung und werden in zukünftigen Situationen wiederum darauf zurückgreifen. Ein unterstützender Kreis entsteht. So kann Ihre Lebensorientierung sehr hilfreich sein. Sie stärkt Sie dabei, Herausforderungen mutig und vertrauend zu begegnen. Wo Sie gelernt und geübt haben, nach Lösungen zu suchen, auf

Ihre Fähigkeiten zurückzugreifen und zu vertrauen, dass Sie Wege finden können, wird Ihnen das *jetzt* helfen, Lösungen zu finden, Ihre Fähigkeiten kreativ zu nutzen, aktiv zu sein und zugleich zu vertrauen, dass es möglich ist, diese Situation zu bewältigen.

Zur Veranschaulichung einige Beispiele hilfreicher Orientierungen:

- Ich sehe in jeder Situation Möglichkeiten und Chancen.
- Ich erhalte Hilfe vom Leben.
- Alles, was ich brauche, um vorwärtszukommen, ist schon da.
- Ich vertraue darauf, dass es Lösungen gibt.
- Jeder Nachteil hat seinen Vorteil.
- Ich habe ein inneres Wissen, dass meine Visionen Wirklichkeit werden können.
- Ich habe vom Leben Talente geschenkt bekommen, die ich nutzen kann und will.
- Das Leben ist reich.
- Ich kann jederzeit entscheiden, wie ich das Leben angehen will.
- Es darf mir gut gehen.
- Ich konzentriere mich auf das, was mir Freude bereitet und mich motiviert.
- Ich *bin*. Das ist mein kostbarstes Gut. Ich bin nicht meine Leistung, mein Besitz, mein sozialer Status – dies ist nicht Ziel und Inhalt, sondern Resultat meines Seins.

Ihre Lebensorientierung kann aber auch zum Stolperstein werden und in *destruktive* Kreisläufe führen. **Nicht förderliche Haltungen, Anschauungen und Überzeugungen können erheblich dabei beeinträchtigen, die aktuelle Situation konstruktiv anzugehen, ja sogar der eigentliche *Grund* sein, warum Sie festlaufen.** Wenn Sie einem lebenslang eingeübten Glaubenssatz folgen: »Es kann niemals gut kommen in meinem Leben!«, dann werden Sie Ihrer aktuellen Situation entsprechend abwehrend, misstrauisch, zögernd begegnen und im Entwickeln von Ideen und

Lösungsschritten beeinträchtigt. Die Wahrscheinlichkeit ist groß, dass Sie in Situationen gelangen, in denen Sie Ihren Glaubenssatz bestätigt finden: »*Wieder* ist es nicht gut gekommen – ich habe es ja gewusst!« Wenn Sie im Laufe Ihres Lebens die Überzeugung aufgebaut haben, dass Erfolg suspekt ist, dann wird Sie dies behindern, eine berufliche Situation anzustreben, in der Sie Ihre Talente zum Ausdruck bringen können. Wenn Sie überzeugt sind, vom Leben benachteiligt zu sein, dann werden Sie kaum erkennen, was das Leben Ihnen mitgegeben hat – Sie werden Ihre Fähigkeiten und Ressourcen nicht voll nutzen können. Wenn Sie sich daran gewöhnt haben, an allem zu zweifeln, dann werden Sie das auch jetzt tun und dadurch im Handeln behindert sein. Aufgrund solcher Orientierungen können Sie in Teufelskreise geraten und langsam aber sicher den Mut verlieren – ohne dass Ihnen bewusst ist, dass Sie dazu beitragen mit Ihren Gedanken, Überzeugungen, Gefühlen. Wo Sie auf scheinbar mysteriöse Weise immer wieder in ähnlich unliebsame Situationen gelangen, wo sich unglückliche Erfahrungen wiederholen, Sie immer mehr dessen haben, was Sie vernünftigerweise nicht wollen können, ist das nicht Pech, Schicksal, Schuld von Umständen oder Versagen, sondern ein Indiz für hinderliche Anschauungen, Gedanken, Überzeugungen und Gefühle. Hier ist es sehr empfehlenswert, innezuhalten und zu fragen: Woran orientiere ich mich im Leben? Was ist meine »Leitplanke«? Was sind Anschauungen, Gedanken, Überzeugungen und Gefühle, die in meinem Leben eine zentrale Rolle spielen?

Zur Veranschaulichung einige Beispiele nicht hilfreicher Orientierungen:

- Das Leben ist schwierig.
- Früher war alles besser.
- Ich hatte schon immer zwei linke Hände.
- Niemand liebt mich. Ich bin nicht liebenswert.
- Ich genüge nicht.
- Ich bin hilflos.
- Man kann nicht alles haben.

- Das Leben ist ungerecht.
- Ich komme immer zu kurz.
- Ich habe nicht das nötige Talent.
- Ich muss ... (mich anstrengen, schuften, nett sein, es recht machen ...).
- Ich bin zu ... (alt, jung, hässlich, einseitig, kompliziert, wenig gebildet, müde ...).

Wichtig ist, sich bewusst zu sein: Wir greifen nicht nur auf hilfreiche, nützliche, unterstützende Orientierungen zurück, sondern auch auf solche, die *nicht* (mehr) angemessen, *nicht* (mehr) hilfreich sind, die uns keine förderlichen Impulse vermitteln, die uns in unserer Entwicklung behindern und dazu beitragen, dass wir immer wieder ins gleiche Schlamassel geraten.

Warum machen wir das?

Fünf wichtige Gründe:

- *Gewohnheit:* Auch wenn Orientierungen destruktiv sind – sie sind immerhin vertraut. Sie wissen, woran Sie sind, was Sie erwarten können – selbst, wenn dies nicht motivierend ist. Das Leben verläuft vorhersagbar, selbst wenn es allenfalls mit erheblichem Leiden verbunden ist. Das gibt Sicherheit. Alles Neue würde verlangen, *anders* zu handeln, eben auch: *anders* wahrzunehmen, eine neue Orientierung zu entwickeln.
- *Angst:* Wenn Sie vertraute Orientierungen aufgeben, werden Sie orientierungslos – zumindest für einen Moment. Sie wissen nicht, wie Sie weitergehen können, Sie haben keine Erfahrung mit neuen Orientierungen. Sie wittern das Risiko, das damit verbunden ist, aus Vertrautem aufzubrechen.
- *»Gewinn«:* Sie haben durchaus »Gewinn« aus nicht hilfreichen Orientierungen. Wenn Sie sich als Opfer von Umständen oder Menschen sehen, haben Sie eine Legitimation, nichts unternehmen zu müssen; Sie sind ja Opfer, machtlos. Wenn Sie aufgrund der Überzeugung, nicht liebenswert zu sein, destruktive Beziehungen zulassen, erhalten Sie via Mitleid Dritter immerhin doch etwas Zuwendung. Wenn Sie aus Angst vor Ihrem eigenen Mut Schritte nicht wagen, können Sie immer-

hin träumen, wie es wäre, wenn ..., und verbrennen sich die Finger nicht.

- »*Salonfähigkeit*«: Nicht hilfreiche Orientierungen sind gesellschaftsfähig. Menschen bestätigen sich gegenseitig in destruktiven Haltungen, klagen kollektiv über ungünstige Umstände, harte Zeiten, Ungerechtigkeit usw. Erfolg und Glück sind suspekt. Indem wir kollektiv hinderliche Anschauungen pflegen, legitimieren wir uns gegenseitig, uns nicht zu fragen, wie *wir jetzt* anders denken und handeln können. Wir gehören dazu, zur Gruppe der Jammerer, Benachteiligten, Zukurzgekommenen – und alles kann so bleiben, wie es ist. Wir brauchen nicht die Verantwortung zu übernehmen für unsere eigene Entwicklung.

- *Mangelndes Bewusstsein:* Festhalten an nicht hilfreichen Orientierungen ist letztlich darauf zurückzuführen, dass uns nicht bewusst ist, dass wir uns an Sichtweisen orientieren, die nicht konstruktiv sind. Wir kommen gar nicht auf die Idee zu fragen, ob und wie wir dazu beitragen, dass unsere Situation ist, wie sie ist. Wir identifizieren uns mit unseren Orientierungen; es ist uns nicht bewusst, dass es lediglich *Orientierungen* sind, die vielleicht einmal ihren Sinn hatten, uns jetzt aber nicht vorwärtskommen lassen. Es ist uns nicht bewusst, dass unsere Orientierungen unsere Wahrnehmung der aktuellen Situation beeinflussen, uns zu entsprechendem Handeln veranlassen und damit zu entsprechenden Resultaten und in passende Situationen führen. Es ist uns nicht bewusst, dass es *andere*, motivierende, hilfreiche, uns in unserer Entwicklung fördernde Orientierungen gibt. Wir kommen nicht auf die Idee, dass wir unsere Orientierung ändern können. Wir suchen außen statt innen.

Sie gelangen dorthin, worauf Sie sich ausrichten

Nun ist es nicht nötig, endlose Studien über Ihre Lebensorientierung zu betreiben. Je nach Situation haben Sie auch keine Zeit dazu.

Nein, was bei der ganzen Geschichte wichtig ist: Dass Sie sich Ihrer Orientierungen und deren Auswirkung im Alltag *bewusst* werden. Dass Sie nüchtern erkennen und begreifen: Sie kommen dorthin, worauf Sie sich ausrichten. Und dass Sie sich die Frage beantworten: Will ich den Kurs beibehalten, den ich eingeschlagen habe? Helfen mir meine Orientierungen, diese Veränderung konstruktiv anzugehen? So einfach ist das. Und doch so überhaupt nicht simpel.

Wenn Sie sich mit einem Kompass nach Norden ausrichten, kommen Sie nach Norden. Nicht nach Süden. Das Gleiche gilt für Ihr Leben: Auch mit Ihrem »Lebenskompass« gelangen Sie dorthin, worauf Sie sich ausrichten. Wenn Sie glauben, nicht liebenswert zu sein, werden Sie kaum Menschen anziehen, die Sie das Gegenteil erfahren lassen. Sie sind nicht offen dafür. Sie sind ausgerichtet auf etwas anderes. Wenn Sie sich auf Erfüllung und Lebensfreude ausrichten, werden Sie Erfüllung und Lebensfreude erfahren. Wenn Sie sich auf Mangel ausrichten, werden Sie Mangel antreffen. Wenn Sie sich auf Erfolg ausrichten, schaffen Sie die Basis, um Erfolg zu erzielen. Oder haben Sie schon einmal einen erfolgreichen Sportler gesehen, der überzeugt ist, dass er niemals gewinnen kann?

Eine Veränderung lädt Sie ein, Ihre Orientierung zu überprüfen – und allenfalls zu ändern.

1.3 Sie können Ihre Wahrnehmung ändern!

> »*Ändere die Art, wie Du Dinge betrachtest,
> und die Dinge, die Du betrachtest, ändern sich.*«
> Wayne W. Dyer

Sie sind es, der oder die wahrnimmt ...

Ihre Wahrnehmung bzw. Lebensorientierung wird Ihnen nicht durch ein Schicksal, einen Gott oder Ihre Eltern auferlegt. *Sie* nehmen wahr; niemand anders kann für Sie bestimmen, worauf Sie Ihre Aufmerksamkeit legen, was Sie denken, glauben und fühlen. Außer Sie lassen es zu. Wenn Sie sich von Angstgefühlen davon abhalten lassen, Ihre Situation anzupacken, so sind *Sie* es, der Angst mehr Raum gibt als Mut. Wenn Sie überzeugt sind, dass Sie Wege durch diese Veränderung finden werden, so sind *Sie* es, die/der diese Überzeugung entwickelt hat und sich daran orientiert. Sie sind ein Mensch mit der Fähigkeit zu denken, zu entscheiden und zu handeln. *Sie* bestimmen, worauf Sie Ihre Aufmerksamkeit richten, was Sie tun. Auch wenn Ihnen dies möglicherweise nicht bewusst ist.

...daher können *Sie* auch Ihre Wahrnehmung ändern bzw. erweitern

Wenn *Sie* es sind, der oder die wahrnimmt, sich im Leben so orientiert, wie Sie das tun, dann sind *Sie* auch in der Lage, Ihre Wahrnehmung zu ändern. Sie haben die Macht über Ihre Wahrnehmung. Nutzen Sie diese Macht in einer Weise, die Sie vorwärtskommen lässt.

Sie können Ihre Wahrnehmung ändern, weil Sie immer entscheiden können, Ihre Aufmerksamkeit zu verlagern, zusätzliche Sichtweisen einzunehmen, andere Gedanken und Gefühle zu entwickeln. Sie brauchen nicht Wahrnehmungsweisen verpflichtet zu bleiben, wenn Sie feststellen, dass diese in Sackgassen führen, Sie unglücklich und erschöpft werden lassen. Sie können jederzeit neue Wahrnehmungen entwickeln. Sie können *jetzt* damit beginnen.

Sie können Ihren »Lebenskompass« neu ausrichten. Der Kurs, den Sie bisher eingeschlagen haben, ist *eine* Möglichkeit, sich im Leben zu orientieren. Indem Sie sich dessen bewusst werden, erschließen Sie sich den Zugang zur Freiheit, sich *anders* zu orientieren. Wenn Sie ein Leben lang nach Norden gelaufen sind, können Sie *jetzt* entscheiden, ab sofort nach Süden zu ziehen – unabhängig davon, wo Sie sich gerade befinden. Sie sind damit nicht schon am Südpol, aber Sie machen den entscheidenden Schritt, dorthin gelangen zu können: Indem Sie sich darauf ausrichten.

Nicht psychologisieren oder urteilen – sondern erkennen …

Wahrnehmungsweisen, die nicht weiterführen, brauchen nicht endlos analysiert zu werden – sie müssen vielmehr *erkannt* werden. Fragen Sie nicht bis zu Ihren Großeltern zurück, warum Sie diese oder jene Sichtweise oder Überzeugung entwickelt haben. Erkennen Sie vielmehr, ob Ihnen Ihre Wahrnehmung hilft, jetzt vorwärtszukommen.

Nicht förderliche Wahrnehmungsweisen brauchen auch nicht verurteilt, bekämpft oder bereut zu werden. Dies führt ihnen nur Aufmerksamkeit und Energie zu; dadurch verschwinden sie nicht, sondern gedeihen prächtig. Jede Art von Moral ist aus dem Spiel zu lassen. Es gibt keine Schuld und keine Schuldigen. Sie sind verantwortlich für Ihre Wahrnehmung, nicht schuldig. Das ist ein Unterschied. Wenn Sie hier darauf aufmerksam gemacht werden, dass Sie es sind, der oder die so wahrnimmt, wie Sie es tun, dann ist das nicht als Vorwurf zu verstehen im Sinne von »Du bist selber schuld, wenn du im Schlamassel steckst!«

Sie können Ihre *bisherigen* Wahrnehmungsweisen, Ihren bisherigen Lebenskurs, bisherige Umstände und Erfahrungen nicht ändern – aber Sie können ändern, wie und wohin Sie *vorwärts*gehen.

… und Wahrnehmungsweisen entwickeln, die weiterführen

Die Erinnerung, dass *Sie* es sind, der oder die bestimmt, wie Sie wahrnehmen, ist *befreiend* zu verstehen, als Ermutigung: »Hallo, du hast die Möglichkeit, diese Situation zu verlassen! Indem du dich neu ausrichtest!« Das mag sehr einfach, vielleicht *zu* einfach klingen. Doch es ist nichts als logische Konsequenz, wenn Sie davon ausgehen, dass Sie es sind, der oder die wahrnimmt: So wie Sie mit einer bestimmten Wahrnehmung und dem daraus folgenden Handeln dazu beitragen, in eine Situation zu gelangen, haben Sie die Möglichkeit, mit einer anderen Wahrnehmung und anderem Handeln dazu beizutragen, in andere Situationen zu kommen. Wenn Sie in einem Schlamassel sitzen, brauchen

Sie also nicht auf bessere Zeiten oder auf Hilfe von außen zu warten. Sie haben alles in sich, was Sie benötigen, um jetzt damit zu beginnen, da wieder rauszukommen. *Sie* sind am Schaltpult Ihrer Wahrnehmung und damit Ihres Handelns und damit der Resultate, die Sie mit Ihrem Handeln erzielen. Sie haben nicht *sich* zu ändern. Sie haben Ihre *Wahrnehmung* zu ändern.

Setzen Sie nicht förderlichen Wahrnehmungen *andere*, motivierende und hilfreiche entgegen. Dadurch verliert das Beeinträchtigende an Macht, und es kann Neues, anderes wachsen.

Wahrnehmungsweisen zu verändern bedeutet nicht, Dinge schönzureden, sich etwas vorzumachen, angestrengt Dinge positiv sehen zu wollen, denen beim besten Willen nichts Gutes abzuringen ist. Es bedeutet auch nicht wegzuschauen. Es bedeutet, *genau* und *anders* hinzuschauen. Und gezielt danach zu fragen, welche Art von Wahrnehmung Sie hier und jetzt weiterführt, motiviert und Ihnen hilft, konstruktiv vorwärtszugehen.

Ein *Prozess*, nicht ein einmaliger Akt

Neue Wahrnehmungsweisen zu entwickeln erfordert Zeit. Indem Sie nicht hilfreiche Wahrnehmungen erkennen, sind sie nicht schon verschwunden. Erkenntnis ist die Basis. Sie ermöglicht Veränderung. Veränderung ist ein Prozess.

Dieser Prozess erfordert Entschlossenheit. Es braucht eine energisch getroffene Entscheidung, nicht hilfreiche Anschauungen, Gedanken und Gefühle hinter sich zu lassen. Solche Wahrnehmungsweisen werden sich nicht von selbst verabschieden, schließlich haben sie uns oft ein Leben lang treu begleitet. Sie haben solche Wahrnehmungsweisen freundlich, aber sehr bestimmt zu entlassen. Sie haben ihren Dienst getan.

Dieser Prozess erfordert tägliches Training und Disziplin. Sie haben sich ein Leben lang an bestimmte Sicht- und Denkweisen gewöhnt; Sie müssen sich umgewöhnen, und das geht meist nicht sofort. Es ist, als ob Sie bisher rechtshändig geschrieben hätten und nun auf linkshändig umstellen. Probieren Sie das mal aus; am Anfang sehen die linkshändig geschriebenen Buchstaben ganz schön zittrig aus. Die Verlockung ist groß, wieder auf rechtshändig umzustellen. Wenn Sie sich neue Sicht- und Denkweisen aneignen, kann Sie das am Anfang anstrengen. Anstrengend sind dabei aber nicht die neuen Sicht- und Denkweisen – die sollten motivieren und beflügeln –; anstrengend ist die *Umstellung*. Anstrengend ist die Phase, in der das Schreiben mit der linken Hand noch nicht fließend geht. Das Neue muss erst geübt und vertraut werden. Seien Sie sich dessen bewusst.

Dieser Prozess erfordert Achtsamkeit. Wir fallen gerne ins Alte zurück. Das Umstellen auf neue Wahrnehmungsweisen kann mühsam werden – wir schreiben doch wieder lieber rechtshändig. Die alten Begleiter tragen das ihre dazu bei: Sie werden sich hartnäckig wieder melden, besonders dann, wenn Ihnen das Neue anstrengend vorkommt. Erkennen Sie Momente, in denen die alten Wahrnehmungsweisen wieder auftauchen. Wenden Sie sich entschlossen davon ab und setzen Sie ihnen Ihre *neuen* Wahrnehmungsweisen entgegen: Solche, die Sie weiterkommen lassen. Ertappen Sie sich dabei, wenn Sie nachlässig werden. Erkennen Sie Sätze wie »Ich bin halt so!« oder »Das wird sich doch nicht ändern!« oder »Das geht doch nicht!« als Sätze Ihrer alten Begleiter. Entlassen Sie sie erneut. Bis sie nicht mehr kommen.

Dieser Prozess erfordert Ausdauer. Geben Sie sich Zeit. Aber bleiben Sie dran. Viele Menschen lassen sich zu schnell entmutigen – sie erkennen begeistert, dass sie sich noch anders orientieren können, doch wenn es nicht sofort zum Erfolg führt, geben sie auf. Gehen Sie nicht in diese Falle. Es geht nicht darum, in einem Kraftakt alles sofort umzukrempeln. Es geht darum, sich der eigenen Wahrnehmung *bewusst* zu werden, zu begreifen – und zu akzeptieren! –, dass *Sie* für Ihre Wahrnehmung verantwortlich sind. Es geht darum, Ihre Aufmerksamkeit auf das zu lenken, was Sie sich wünschen, was Sie motiviert und was Ihnen hilft. Konsequent. Immer wieder neu. Ein Kind, das Fahrrad fahren lernt, fällt immer wieder um – und steigt eifrig immer wieder auf. Eines Tages fährt es freihändig. Die Ausdauer lohnt sich.

**Indem Sie Ihre Wahrnehmung ändern,
ändern sich die Dinge**

Wenn Sie Ihre Wahrnehmung zu erweitern anfangen, werden Sie feststellen, dass sich Dinge zu ändern beginnen. Das Zitat am Anfang des Kapitels bringt dies zum Ausdruck: »*Ändere die Art, wie Du Dinge betrachtest, und die Dinge, die Du betrachtest, ändern sich.*« Warum ist das so? Wenn Sie Ihre Wahrnehmung ändern, erweitert sich Ihr Blickfeld. Sie kommen auf neue Gedanken, erkennen Möglichkeiten, die Sie bisher nicht gesehen haben, fällen andere Entscheidungen, handeln anders, ziehen andere Situationen und Menschen an und erzielen früher oder später andere Resultate. **Indem Sie Ihre Wahrnehmung ändern, erhalten Sie Zugang zu Möglichkeiten und Lösungsschritten, die Ihnen bisher verschlossen blieben.**

1.4 Schlüsselfrage: Ist meine Wahrnehmung motivierend und hilfreich?

»*Das Gesetz des Schwimmens wurde nicht entdeckt
durch die Betrachtung sinkender Dinge,
sondern durch die Betrachtung von Dingen,
die auf natürliche Weise schwimmen,
sowie durch die Frage,
warum sie dazu in der Lage sind.*«
Thomas Troward

Nun werden Sie fragen: Wie weiß ich, *ob* ich etwas an meiner Wahrnehmung ändern soll? Und *wie* ändere ich sie?

Mit einer einfachen Schlüsselfrage finden Sie schnell Ihre eigene Antwort: Ist meine Wahrnehmung motivierend? Ist sie hilfreich?

Sie erkennen eine motivierende und hilfreiche Wahrnehmung an folgenden Merkmalen:

- *Sie lenken Ihre Aufmerksamkeit konsequent auf alles, was Sie vorwärtskommen lässt.* Sie achten auf Ihre Talente, erkunden Möglichkeiten, halten Ausschau nach Lösungen. Sie sehen Ihre Kenntnisse, Erfahrungen, Fähigkeiten, die jetzt hilfreich sind. Sie nehmen Umstände und Menschen wahr, die unterstützend sind.
- *Sie sehen durchaus, was nicht motivierend und nicht hilfreich ist, aber Sie bleiben mit Ihrer Aufmerksamkeit nicht dort hängen.* Sie sehen Ihre Situation, wie sie ist – und lenken Ihre Aufmerksamkeit auf das, was Sie vorwärtskommen lässt.
- *Ihre Wahrnehmung motiviert Sie, vorwärtszugehen.* Sie gibt Ihnen Energie und Mut anzupacken, was es anzupacken gibt.
- *Ihre Sichtweisen, Gedanken und Überzeugungen vermitteln Ihnen Zuversicht.* Sie stärken Ihr Vertrauen, dass Sie das schaffen können, dass es trotz allem weitergeht, dass dies nicht das Ende, sondern der Übergang in etwas Neues ist.
- *Ihre Wahrnehmung erschließt Ihnen Ideen, Möglichkeiten und Lösungen.*
- *Ihre Sicht- und Denkweisen sind kompatibel mit einer erfreulichen Lebenssituation.* Sie können sich vorstellen, halten es für möglich bzw. gehen davon aus, dass Sie Erfolg erzielen, gesund und glücklich sein, ein erfülltes Leben führen können.
- *Ihre Wahrnehmung wirkt sich positiv auf Ihr Handeln aus.* Sie führt zu produktiven Entscheidungen. Sie lässt Sie in eine Richtung vorwärtsgehen, für die Sie sich engagieren wollen. Sie ermöglicht, dass Sie positive Resultate erzielen.

Wenn Ihre Wahrnehmung motivierend und hilfreich ist – weitergehen

Wenn Sie zum Schluss kommen, dass die Art, wie Sie wahrnehmen, motivierend und hilfreich ist, können Sie getrost weitergehen. Ihre Wahrnehmung ist dann so ausgerichtet, dass Sie weiterkommen können. Was motivierend und hilfreich ist, muss nicht infrage gestellt werden. Was sich positiv auswirkt, muss nicht geändert werden.

Wenn Ihre Wahrnehmung *nicht* motivierend und hilfreich ist – innehalten

Wenn Sie aber zum Schluss kommen, dass Ihre Wahrnehmung nicht förderlich ist, sollten Sie erkunden, welche Wahrnehmungsweisen es sind, die Sie beeinträchtigen. Finden Sie heraus, wie Sie diesen Macht entziehen bzw. andere Wahrnehmungsweisen entwickeln können.

Eine nicht förderliche Wahrnehmung ist etwa an folgenden Merkmalen zu erkennen:

- *Es fällt Ihnen schwer, genau hinzuschauen – am liebsten würden Sie den Kopf in den Sand stecken.* Beispielsweise wurden Sie wiederholt von Ihrem Vorgesetzten kritisiert, doch bisher haben Sie weitergemacht, ohne zu klären, was hier ansteht. Sie haben sich vielleicht gesagt, die Situation werde sich schon wieder ändern. Oder Sie haben sich über den Vorgesetzten geärgert. Oder Sie haben innerlich gekündigt.
- *Sie richten Ihre Aufmerksamkeit so stark auf bestimmte Probleme und Belastungen, dass Sie anderes kaum mehr sehen.* Probleme und Belastungen scheinen immer größer zu werden, Lösungen geraten aus dem Blickfeld. Sie brauchen viel Energie, ohne dass sich die Situation verbessert. Zum Beispiel will sich Ihr Partner von Ihnen trennen, und nun kreisen Sie mental immer wieder darum, dass diese Beziehung zu Ende gehen wird. Diese Gedanken ziehen Sie herunter. Destruktive Gefühle machen sich breit.
- *Spezifische Sichtweisen, Gedanken, Überzeugungen und Gefühle beeinträchtigen Sie.* Beispielsweise verhindert Ihre Angst, in finanzielle Engpässe zu kommen, sich ruhig zu überlegen, wie Sie vorgehen können. Möglicherweise treffen Sie in Panik Entscheidungen, die die Situation verschlechtern.

- *Sie halten es nicht für möglich, dass Ihre Lebenssituation sich positiv verändern kann.* Beispielsweise lassen Sie sich durch die Überzeugung »In meinem Alter finde ich keine Stelle mehr« entmutigen und davon abhalten, Ideen zu entwickeln, was Sie tun können.
- *Ihre Wahrnehmung beeinträchtigt Ihr Handeln.* Sie sind zum Beispiel überzeugt, dass Sie keine Zeit haben, um sich ein klares Bild Ihrer Situation zu machen. Dies führt dazu, dass Sie atemlos Dinge tun. Menschen, die eine Stelle suchen müssen, beginnen oft hektisch, Bewerbungen zu schreiben, ohne ein klares Bild zu haben, was sie suchen. Das führt nicht nur oft zu Frustration und Erschöpfung, sondern selten zu erfreulichen Resultaten.

Mit folgenden Maßnahmen können Sie dies ändern:

- *Fassen Sie Mut, genau hinzuschauen.* Erinnern Sie sich, dass Unangenehmes nicht verschwindet durch Wegschauen. Im obigen Beispiel würde dies etwa heißen: Ist Ihnen klar, was die Kritik Ihres Vorgesetzten enthält? Was können Sie tun, damit sich die Situation verbessert?
- *Üben Sie sich darin, mentales Kreisen um Probleme und Belastungen zu unterbrechen.* Schauen Sie das Belastende bewusst noch *anders* an; im obigen Beispiel würde dies etwa heißen, zu erkunden, wie ein erfülltes Leben nach der Trennung aussehen könnte. Lenken Sie Ihre Aufmerksamkeit zudem immer wieder auf Dinge, die *neben* und *trotz* dieser Belastung gut laufen und Ihnen Energie geben. Dies wird Ihnen Distanz geben und Sie aufbauen. Sie werden auf Ideen kommen, was Sie tun wollen.
- *Überprüfen Sie nicht förderliche Wahrnehmungsweisen kritisch und setzen Sie ihnen neue, motivierende entgegen.* Seien Sie sich bewusst, dass nicht hilfreiche Wahrnehmungen Ihr Handeln beeinträchtigen und damit auch erschweren, in erfreuliche Situationen zu gelangen. Beispielsweise wird eine kritische Überprüfung der Überzeugung »In meinem Alter finde ich keine Stelle mehr« ergeben, dass fortgeschritte-

nes Alter bei vielen Stellen zwar tatsächlich ein Handicap sein mag, dass dies aber nicht auf *alle* Stellen zutrifft und dass es umso wichtiger ist, ein klares Bild zu haben und sich eigener Fähigkeiten und Möglichkeiten bewusst zu sein. Eine neue, motivierende Wahrnehmungsweise wäre hier etwa: »Ich beschäftige mich jetzt damit, was ich zu bieten habe, welche Tätigkeiten mir entsprechen, wofür ich mich beruflich engagieren möchte. Und ich sammle Ideen, wie ich in diese Richtung Schritte unternehmen kann.« Eine neue Wahrnehmungsweise wird neue Gefühle auslösen und zu anderem Handeln anregen. Vergegenwärtigen Sie sich die neue motivierende Wahrnehmungsweise jedes Mal, wenn die alte demotivierende sich wieder meldet.

1.5 Anregungen

> »Nicht alles, dem man sich stellt, ist zu ändern;
> aber nichts kann geändert werden,
> solange man sich ihm nicht stellt.«
> James Baldwin

Vielleicht regt Sie die Schlüsselfrage dazu an, sich Zeit zu nehmen und den Inhalt des ersten Kapitels Schritt für Schritt in Ihre Situation zu »übersetzen«. Das heißt in diesem Kapitel im Kern: Wie kann ich genau hinschauen? Wie kann ich mich darin üben, bewusst wahrzunehmen? Wie kann ich eine motivierende und hilfreiche Wahrnehmung entwickeln? Die folgenden Anregungen unterstützen Sie dabei.

Wie aus Kapitel 1.1 bis 1.4 deutlich wird, spielen fünf Elemente eine wichtige Rolle:

- *Veränderung benennen*: Sie werden sich klar, um welche Veränderung es in Ihrer Situation geht.
- *Wahrnehmung erkunden:* Sie werden sich bewusst, worauf Sie Ihre Aufmerksamkeit richten, was Sie in Bezug auf Ihre Situation denken, glauben, fühlen und wie sich dies auswirkt.

- *Lebensorientierung aufspüren:* Sie erkennen, auf welche vertrauten Anschauungen, Gedanken, Überzeugungen und Gefühle Sie zurückgreifen und wie sich dies auswirkt.
- *Motivierendes und Hilfreiches sehen:* Sie entdecken und fördern konsequent, was in Ihrer Wahrnehmung motivierend und hilfreich ist.
- *Demotivierendes und nicht Hilfreiches sehen:* Sie erkennen, was Sie beeinträchtigt.

Im Folgenden werden Sie dabei begleitet und dazu ermutigt, diese fünf Elemente in Bezug auf Ihre Situation zu erkunden. Sie werden erfahren, dass Sie allein durch genaues Hinschauen vieles erkennen, verstehen und dass sich daraus Ideen, Richtungen für das weitere Vorgehen abzeichnen. Sie legen die Basis, auf der Sie förderlich handeln können.

Je nach Situation können diese Elemente unterschiedlich wichtig sein. Vielleicht ist so klar, um welche Veränderung es geht, dass Sie gleich weitergehen; vielleicht brauchen Sie aber genau hier Zeit, um Überblick und Klarheit zu gewinnen. Gewichten Sie so, wie Sie es für richtig halten.

In Bezug auf jedes Element ist eine Leitfrage formuliert. Sie erhalten Impulse, Ihre Antwort auf den Punkt zu bringen; nehmen Sie jene auf, die bei Ihnen anklingen. Lassen Sie Ihren Einfällen, Gedanken, Bildern freien Lauf. Experimentieren Sie. Sie werden Vertrautem begegnen. Sie werden Neues, Unerwartetes, bisher Übersehenes entdecken. Lassen Sie sich überraschen.

Bevor Sie sich den fünf Elementen zuwenden, noch drei praktische Tipps:

- *Geben Sie sich Themen.* Beobachten Sie beispielsweise einen Tag lang, was Sie denken: Was denken Sie häufig? Erkennen Sie Auslöser? Wie geht es Ihnen, wenn Sie so denken? Wozu veranlassen Sie diese Gedanken? Oder achten Sie eine Woche lang auf Ihre Gefühle: Wann sind Sie motiviert und zuversichtlich? Wann sind Sie das nicht? Was fällt Ihnen dabei auf? Indem Sie sich Themen geben, wird die Beschäftigung mit Ihrer Wahrnehmung konkret und überschaubar.

- *Schaffen Sie sich ein schönes Buch an – Ihr Veränderungsnotizbuch.* Halten Sie darin Gedanken, Beobachtungen, Erkenntnisse fest. Machen Sie Skizzen. Dieses Buch wird Ihr treuer Begleiter durch die bevorstehende Zeit. Mit dem Aufschreiben bringen Sie Dinge von innen nach außen, geben Form, was bisher vielleicht diffus war. Damit wird es klar. Mit der Zeit werden sich »rote Fäden« abzeichnen; Sie werden Zusammenhänge erkennen, Wiederkehrendes, Wichtiges. Wenn Sie später Ihre Notizen zur Hand nehmen, werden Sie staunen, welchen Weg Sie zurückgelegt haben.
- *Nehmen Sie sich jeden Tag (mindestens) eine Viertelstunde Zeit, am besten morgens, als Tagesanfang und/oder abends als Tagesabschluss.* Begeben Sie sich an einen ungestörten Ort. Vergegenwärtigen Sie sich Ihre Situation: Was ist jetzt? Worauf liegt meine Aufmerksamkeit? Stellen Sie sich auf den Tag ein: Worauf will ich heute achten? Was ist mir heute wichtig? Blicken Sie zurück: Was ist mir heute aufgefallen? Was ist mir klar geworden? Was war motivierend und hilfreich? Machen Sie Notizen. Auf diese Weise setzen Sie Zeichen: Ich nehme mir Zeit für diesen Prozess und für mich selbst. Es ist mir wichtig. Und Sie verankern das, was Sie beobachten und erkennen.

Zum Schluss: Ihre Erkundungsreise soll Freude machen und Sie motivieren! Nehmen Sie sich nicht zu viel vor, gehen Sie das Ganze möglichst spielerisch an. Aber bleiben Sie dran. Nehmen Sie sich lieber jeden Tag eine Viertelstunde Zeit, als sich zwei Tage ohne Unterbrechung mit dem Thema zu beschäftigen und nachher die Auseinandersetzung wieder versanden zu lassen. *»Jeden Tag einen Faden ergibt am Schluss eine Jacke.«* (Engel Wenkenbach-van Tour)

Veränderung benennen — Element 1

⇨ *Um welche Veränderung geht es in meiner Situation?*

Indem Sie Veränderung benennen, schaffen Sie Klarheit. Sie legen die Basis, auf der Sie Ihre Situation produktiv angehen können.

Möglichkeiten, wie Sie Ihre Antwort finden können:

- Wie erklären Sie einer fremden Person in ein, zwei Sätzen, um welche Veränderung es bei Ihnen geht?
- Stellen Sie sich vor, Sie schreiben eine Autobiografie und widmen ein Kapitel dieser Veränderung. Was ist der Titel dieses Kapitels? Wie beginnt das Kapitel? Was ist der Inhalt?
- Stellen Sie sich vor, dass Sie ein Foto Ihrer Situation machen. Was ist auf dem Bild zu sehen? Ist das Abgebildete deutlich zu erkennen oder sind die Dinge verschwommen? Wer ist zu sehen? Wie sind Sie auf diesem Bild zu sehen? Nimmt die Veränderung auf diesem Foto viel oder wenig Raum ein? Ist sie mitten im Bild oder am Rand? Fügt sie sich ins Ganze ein oder steht sie im Gegensatz zu dem, was sonst zu sehen ist?

Berücksichtigen Sie Folgendes:

- Formulieren Sie Ausgangslage und Inhalt der Veränderung. Etwa: »Ich habe die Kündigung erhalten. In vier Monaten werde ich nicht mehr am bisherigen Ort arbeiten (Ausgangslage). Es geht darum, dass ich mir Zeit nehme, um eine wirklich gute Stelle zu finden, und zugleich mein Einkommen absichere über eine zeitlich begrenzte Stelle (Inhalt).«
- Seien Sie möglichst präzise. Nicht: »Ich bin unzufrieden im Beruf. Da muss sich etwas ändern.« Sondern z. B.: »Ich brauche bei der Arbeit zu viel Zeit und Energie für Dinge, die mir nicht liegen. Das macht mich unzufrieden. Es geht darum, dass ich mir darüber klar werde, was meine Stärken und Interessen sind und wie ich ihnen mehr Raum geben kann.«
- Seien Sie nüchtern. Beim Benennen der Veränderung geht es um Fakten, (noch) nicht darum, wie Sie diese wahrnehmen. Also richt: »Ich habe von meinem Arzt die Diagnose XY erhalten. Das

ist eine Katastrophe.« Sondern: »Ich habe von meinem Arzt die Diagnose XY erhalten. Die Krankheit bedeutet, dass ich meine Arbeit aufgeben muss. Nun geht es darum, dass ich kläre, was beruflich noch möglich ist.«
- Bleiben Sie strikt bei sich selbst. Nicht: »Ich bin seit Längerem unglücklich in meiner Beziehung. Es geht darum, dass mein Partner mehr Zeit hat für mich.« Sondern: »Ich bin seit Längerem unglücklich in meiner Beziehung. Es geht darum, dass ich Klarheit schaffe, was ich unternehmen kann, um dies zu ändern.«
- Überprüfen Sie, ob Sie es wirklich auf den Punkt gebracht haben. Geht es wirklich um diese Veränderung, die Sie jetzt benannt haben? Oder geht es noch um etwas anderes? Vielleicht wollen Sie eine vertraute Person einbeziehen, die Ihnen ein ehrliches Gegenüber ist.

Anregungen fürs Weitergehen:

- Halten Sie in Ihrem Notizbuch in ein, zwei Sätzen fest, um welche Veränderung es geht. Damit legen Sie den Ausgangspunkt aller weiteren Schritte fest. Sie können dann als Nächstes klären, wie Sie das, was Sie hier benannt haben, wahrnehmen. Und Sie haben später, wenn es ums Handeln geht, einen Bezugspunkt: Welche Entscheidungen und Schritte braucht es in Bezug auf die Veränderung, die ich hier festgehalten habe? Schließlich können Sie Ihren weiteren Weg überprüfen: Unternehme ich Schritte, die wirklich mit dem zu tun haben, was ich hier aufgeschrieben habe?
- Was wird Ihnen klar? Sicherlich fallen Ihnen Dinge auf, die Ihnen bisher vielleicht nicht so bewusst waren. Indem Sie auf diese Dinge achten, erhalten Sie Hinweise, wo und wie Sie weitergehen können. Wenn Sie beispielsweise erkennen, dass Konflikte in Ihrer Partnerschaft nicht damit zu tun haben, dass Sie nicht zufrieden sind mit Ihrer Partnerin, sondern damit, dass Sie bei der Arbeit unter Druck sind und daher zu Hause empfindlich reagieren, dann gibt diese Erkenntnis Hinweise fürs Weitergehen: Der Hebel ist nicht bei der Partnerschaft, sondern bei der Arbeitssituation anzusetzen.

- Was löst das Benennen der Veränderung bei Ihnen aus? Sie werden bestimmte Dinge denken und fühlen, wenn Sie sich die Resultate Ihrer Erkundungen vergegenwärtigen. Seien Sie achtsam dafür und gehen Sie weiter zum nächsten Element: Sie sind bereits daran, Ihre Wahrnehmung einzubeziehen.

Wahrnehmung erkunden **Element 2**

⇨ *Wie nehme ich meine Situation wahr? Wie wirkt sich dies aus?*

Indem Sie Ihre Wahrnehmung erkunden, klären Sie die Basis Ihres Handelns. Wenn Ihnen bewusst ist, wie Sie wahrnehmen, können Sie Ihre Wahrnehmung bei Bedarf ändern bzw. förderlichen Wahrnehmungen stets mehr Raum geben.

Möglichkeiten, wie Sie Ihre Antwort finden können:

- Formulieren Sie in einem Satz, ohne lange zu überlegen, wie Sie Ihre Situation wahrnehmen.
- Stellen Sie sich vor, Ihre aktuelle Lebenssituation wird auf einer Bühne gespielt. Was ist das für ein Stück, das gespielt wird? Worauf sind die Scheinwerfer gerichtet?
- Stellen Sie sich vor, das, was Sie in Bezug auf Ihre Situation denken, glauben und fühlen, ist wie in einem Cartoon in Sprechblasen sichtbar. Was steht in diesen Sprechblasen? Und was macht diese Person im Cartoon?

Berücksichtigen Sie Folgendes:

- Bleiben Sie neutral. Sammeln Sie wie ein Detektiv Daten zur Art, wie Sie wahrnehmen. Etwa: »Aha, ich denke ›Alles ist sinnlos‹.« Oder: »Heute bin ich sehr zuversichtlich.«
- Werten und verurteilen Sie ungünstige Wahrnehmungen nicht. Es geht ums Beobachten und Erkennen. Also nicht: »Mist, jetzt seh ich schon wieder alles so schwarz.« Sondern: »Aha, im Moment sehe ich alles schwarz.«
- Strengen Sie sich nicht an. Setzen Sie bei dem an, was sich in Ihrem Denken, Glauben und Fühlen in den Vordergrund drängt.

Vertrauen Sie darauf, dass das, was wichtig ist, zum Vorschein kommen wird.

Anregungen fürs Weitergehen:

- Realisieren Sie, dass hier ein Schlüsselpunkt liegt. Erinnern Sie sich an Kapitel 1.1: Ihre Wahrnehmung bestimmt Ihr Handeln. Erkunden Sie, zu welchen Entscheidungen und Handlungen Ihre Wahrnehmung Sie bisher veranlasst hat. Zu welchen Resultaten und welcher Befindlichkeit hat dies geführt? So erkennen Sie den Zusammenhang zwischen Wahrnehmung, Entscheiden, Handeln und Resultaten. Das gibt Ihnen die Möglichkeit, motivierendere und hilfreichere Wahrnehmungen zu entwickeln, sollten Sie feststellen, dass Resultate zu wünschen übrig lassen.
- Sie wurden eingeladen, bei der Erkundung Ihrer Wahrnehmung so neutral wie möglich zu bleiben. Nur so können Sie erkennen, wie Sie denken, glauben, fühlen und zu welchen Entscheidungen und Handlungen dies führt. Wenn Sie erkennen, dass Ihre Wahrnehmung nicht hilfreich ist oder Sie sogar behindert, konstruktive Schritte zu machen, dann ist nun der Moment, um Ideen zu sammeln, wie Sie *anders* wahrnehmen können: Wie können Sie Ihre Situation noch anders anschauen? Welche andere Art, über Ihre Situation zu denken, wäre jetzt motivierend und hilfreich? In welchen Momenten nehmen Sie schon so wahr? Wie können Sie mehr so wahrnehmen?
- Experimentieren Sie mit motivierenden und hilfreichen Wahrnehmungen. Trainieren Sie im Alltag, Ihre Wahrnehmung bewusst zu lenken. Geben Sie sich etwa einen Tag lang die Aufgabe, Ihre Aufmerksamkeit auf alles zu lenken, was Sie aufbaut. Halten Sie in Ihrem Tagesrückblick alles fest, was Sie heute ermutigt hat. Auf diese Weise rücken Sie Dinge in Ihr Blickfeld, die motivierend und hilfreich sind. Sie machen die Erfahrung, dass Sie Ihre Wahrnehmung lenken können. Und Sie machen die Erfahrung, dass Sie dadurch Dinge entdecken, die Ihnen helfen, vorwärtszugehen. Diese Erfahrung können Sie aber nur machen, wenn Sie üben.

Lebensorientierung aufspüren — Element 3

⇨ *Was ist meine Lebensorientierung? Wie wirkt sie sich aus?*

Indem Sie Ihre Lebensorientierung erkunden, erkennen Sie, was Ihre »Leitplanken« sind und ob diese hilfreiche Ressource oder Stolperstein sind. Dies setzt Sie in die Lage, Orientierungen zu ändern, die Ihnen vielleicht erschweren, vorwärtszukommen.

Möglichkeiten, wie Sie Ihre Antwort finden können:

- Schreiben Sie Ihr Lebensmotto auf.
- Schreiben Sie eine Anleitung für ein außerirdisches Wesen, wie das Leben auf der Erde funktioniert. Was ist zu berücksichtigen? Woran muss man sich halten? Wie kann man ein gutes Leben leben? Wie geht man am besten mit Herausforderungen um? Halten Sie die wichtigsten Punkte fest.
- Erstellen Sie eine Liste dessen, was Ihnen im Leben wichtig ist. Setzen Sie die Punkte dieser Liste in eine Reihenfolge. Was steht zuoberst, was ist Ihnen am wichtigsten?
- Halten Sie Ihre wichtigsten Überzeugungen in Ihrem Notizbuch fest.

Berücksichtigen Sie Folgendes:

- Bereitschaft, genau hinzuschauen, genügt. Es geht darum, jenen Aspekten Ihrer Lebensorientierung auf die Spur zu kommen, die momentan eine wichtige Rolle spielen. Diese Aspekte werden sich bemerkbar machen, wenn Sie darauf achten, was Ihre Aufmerksamkeit erregt, was Sie häufig denken und wovon Sie überzeugt sind. Beobachten Sie, wie Sie sprechen, was Sie häufig sagen. Graben Sie nicht angestrengt. Es genügt, wenn Sie aufmerksam sind.
- Auch hier: Bleiben Sie neutral. Bleiben Sie strikt auf der Beobachtungsebene. Analysieren und psychologisieren Sie nicht. Finden Sie vielmehr möglichst genau heraus, was Ihre Orientierungen sind.
- Werten und verurteilen Sie allenfalls ungünstige Aspekte Ihrer Lebensorientierung nicht. Machen Sie sich und anderen keine

Vorwürfe. Ihre Lebensorientierung hat ihren Sinn. Sie haben sie entwickelt, weil Sie damit einmal über die Runden gekommen sind. Lassen Sie die Schuldfrage aus dem Spiel. Es geht nicht um Schuld. Es geht darum, allenfalls ungünstige Orientierungen zu erkennen.

- Rechtfertigen und verteidigen Sie ungünstige Orientierungen nicht. Damit halten Sie diese aufrecht.

Anregungen fürs Weitergehen:

- Realisieren Sie, dass Sie hier an die Wurzel Ihres Wahrnehmens und Handelns gelangt sind. Erinnern Sie sich an Kapitel 1.2: Ihre Wahrnehmung wird beeinflusst durch Ihre Lebensorientierung. Finden Sie heraus, wie Ihre »Leitplanken« Ihr Wahrnehmen und Handeln beeinflussen und wozu dies bisher geführt hat. War Ihre Lebensorientierung bisher Ressource oder Stolperstein? So legen Sie die Basis, dort Änderungen in Ihrer Lebensorientierung vorzunehmen, wo diese zum Stolperstein geworden ist.
- Auch hier wurden Sie eingeladen, bei Ihren Erkundungen so neutral wie möglich zu bleiben. Sie können Ihre Lebensorientierung nur erkennen, wenn Sie nüchtern hinschauen. Wenn Sie ungünstige Orientierungen entdecken, dann ist nun der Moment, um Ideen zu sammeln, wie Sie *andere* Orientierungen entwickeln können: Was können Sie nicht hilfreichen Orientierungen entgegenstellen? Welche Anschauungen und Überzeugungen wären jetzt förderlich?
- Experimentieren Sie mit motivierenden und hilfreichen Orientierungen. Beschäftigen Sie sich damit. Schreiben Sie sie auf. Gehen Sie einen Tag lang mit einer solchen Orientierung durch Ihr Leben und schauen Sie, was passiert. Sie werden feststellen, dass sich Ihre Wahrnehmung und Ihr Handeln zu verändern beginnen. Aber auch hier gilt: Diese Erfahrung können Sie nur machen, wenn Sie sich ernsthaft und entschlossen auf den Weg machen, üben, dranbleiben.

Motivierendes und Hilfreiches sehen **Element 4**

⇨ *Was ist motivierend und hilfreich in meiner Art, wahrzunehmen?*

Indem Sie Ihre Aufmerksamkeit bewusst immer wieder auf Motivierendes und Hilfreiches lenken sowie förderliche Wahrnehmungsweisen pflegen, werden Sie sich stets natürlicher an dem orientieren, was Sie vorwärtskommen lässt.

Wenn Sie bei Elementen 1 bis 3 bereits flott vorangekommen und voll damit beschäftigt sind, förderlichen Wahrnehmungen Raum zu geben, können Sie Elemente 4 und 5 überspringen und gleich zum Zwischenhalt in Kapitel 1.6 weitergehen. Wenn Sie aber feststellen, dass zusätzliche Übung nützlich wäre, dann unterstützen Sie die folgenden Anregungen darin.

Möglichkeiten, wie Sie Ihre Antwort finden können:

- Achten Sie ein paar Tage lang besonders auf Sicht- und Denkweisen, die motivierend und hilfreich sind. Wie gelingt es Ihnen, Ihre Aufmerksamkeit auf das zu lenken, was Sie ermutigt? Wann gelingt Ihnen dies besonders gut? Was sind Anschauungen, die Sie veranlassen, vorwärtszugehen? Welche Gedanken ermutigen Sie? Welche Gefühle erfahren Sie als aufbauend? In welchen Situationen haben Sie diese Gefühle? Erkennen Sie einen »roten Faden«?
- Lassen Sie am Abend den Tag wie einen Film ablaufen. Erkunden Sie, was Sie heute – trotz und in dieser Veränderung – veranlasst hat, aufzustehen und anzupacken, was es anzupacken gibt. Was hat Ihnen geholfen, dranzubleiben? Welche Sicht- und Denkweisen haben Ihnen Energie gegeben und Sie unterstützt?

Berücksichtigen Sie Folgendes:

- Auch hier gilt: beobachten, beobachten, beobachten. Mit Disziplin und Ausdauer, hoffentlich immer auch spielerisch und neugierig Daten sammeln.
- Keine Alibis. Verweisen Sie innere Stimmen, die rufen: »Was soll das!«, »Ich habe jetzt keine Zeit!«, »Ich muss doch jetzt eine Stelle haben!«, energisch in die Schranken.

- Bleiben Sie dran. Wenn es am Anfang seltsam anmutet, wie ein Detektiv nach Motivierendem und Hilfreichem zu forschen: Lassen Sie sich nicht entmutigen. Der Erfolg wird sich einstellen.

Anregungen fürs Weitergehen:

- Entwickeln Sie Ideen, wie Sie Ihre Aufmerksamkeit verstärkt auf Motivierendes und Hilfreiches lenken können. Notieren Sie beispielsweise jeden Abend fünf Dinge, die heute positiv waren. So trainieren Sie, Förderliches wahrzunehmen. Oder vergegenwärtigen Sie sich, was Sie an aufbauenden Sicht- und Denkweisen entdeckt haben. Notieren Sie jene, die Ihnen besonders wichtig sind, auf Karten und hängen Sie diese an Orten auf, wo Sie häufig hinschauen. So erinnern Sie sich daran, dass und wie Sie in konstruktiver Weise wahrnehmen können. Erkunden Sie, wie Sie diesen Blickwinkel öfter einnehmen können.
- Stärken Sie Ihren Blick für Motivierendes und Hilfreiches bei Bedarf mit zusätzlichen Maßnahmen. Beginnen Sie beispielsweise jeden Tag mit einem ermutigenden Motto. Oder tragen Sie Post-it-Zettel bei sich; wenn Sie im Verlauf des Tages eine ermutigende Sichtweise, einen hilfreichen Gedanken entdecken: Schreiben Sie diese auf. Kleben Sie am Abend die Zettel in Ihr Notizbuch oder erstellen Sie eine Liste, die Sie am Kühlschrank, oder wo auch immer Ihr Blick häufig hinfällt, aufhängen. Jedes Mal, wenn Sie hier vorbeikommen, werden Sie an Motivierendes und Hilfreiches erinnert – damit wird dieses gestärkt. Die Liste wird wachsen.

Element 5	Demotivierendes und nicht Hilfreiches sehen

⇨ *Was ist demotivierend und nicht hilfreich in meiner Art, wahrzunehmen?*

Indem Sie demotivierende und nicht hilfreiche Wahrnehmungsweisen aufspüren, schaffen Sie die Basis, anders wahrzunehmen und in der Folge auch anders zu handeln. Viele Menschen stolpern hier. Die

Bereitschaft, nicht förderliche Wahrnehmungsweisen aufzuspüren, wird belohnt: Sie werden erfahren, dass Demotivierendes und nicht Hilfreiches bereits durch Hinschauen Macht verliert. Ein Gespenst ist nur so lange ein Gespenst, als es dunkel ist. Indem Sie genau hinschauen, machen Sie Licht. Wo Sie Demotivierendes und nicht Hilfreiches erkennen und sich davon abwenden, können Sie freier und flotter vorwärtsgehen. Sie werden selbst spüren, ob es diesen Schritt braucht. Zögern Sie dann aber nicht.

Möglichkeiten, wie Sie Ihre Antwort finden können:

- Achten Sie ein paar Tage lang besonders auf Sicht- und Denkweisen, die allenfalls demotivierend und nicht hilfreich sind. Nehmen Sie beispielsweise Momente wahr, in denen es Ihnen schwerfällt, Ihre Aufmerksamkeit auf das zu lenken, was Sie ermutigt, vorwärtszugehen. Worauf ist Ihre Aufmerksamkeit dann gerichtet? Erkennen Sie, wo Anschauungen im Spiel sind, die verhindern, dass Sie Ihre Situation entschlossen anpacken. Seien Sie wach für Gedanken, die Sie mutlos werden lassen. Erkennen Sie, an welchen Punkten Sie etwa davon überzeugt sind, dass es in Ihrer Situation keine Lösung geben kann. Beobachten Sie, wo Sie lähmenden Gefühlen Raum geben. Erkunden Sie, wie sich solche Wahrnehmungsweisen auf Ihre Befindlichkeit und auf Ihr Handeln auswirken. Fällt Ihnen etwas auf?
- Lassen Sie am Abend den Tag wie einen Film ablaufen. Gab es heute etwas, was Sie entmutigt und davon abgehalten hat, Ideen zu entwickeln, wie Sie vorwärtsgehen können? Gab es allenfalls Situationen, in denen Sie am liebsten den Bettel hingeschmissen hätten? Was war der Auslöser? Welche Gedanken und Gefühle waren im Spiel? Was haben Sie schließlich getan?

Berücksichtigen Sie Folgendes:

- Konzentrieren Sie sich auf Ihre Art, wahrzunehmen, nicht auf Umstände. Nicht: »Mein Partner nimmt mir mit seinem Benehmen jede Motivation.« Sondern: »Ich lasse mich entmutigen durch das Benehmen meines Partners.« In der ersten Situation sind Sie Opfer des Benehmens Ihres Partners. In der zweiten übernehmen Sie die Verantwortung für Ihre Gedanken und Gefühle. Sie können das Benehmen Ihres Partners nicht ändern. Sie können aber Ihren Umgang mit dessen Benehmen ändern – das beginnt damit, dass Sie sich Ihrer Wahrnehmung bewusst werden.

- Überprüfen Sie Ihre Wahrnehmung. Schauen Sie genau und kritisch, aber nicht verurteilend hin. Wenn Sie etwa überzeugt sind – »Niemand hört auf mich« –, überprüfen Sie, wie Sie darauf kommen. Stimmt es *wirklich*, dass Sie nicht gehört werden? Nehmen Sie sich die Mühe, sich einzubringen? Haben Sie den Mut, Stellung zu beziehen? Was wäre, wenn Sie die Überzeugung, nicht gehört zu werden, nicht hätten bzw. diese durch eine motivierende ersetzen würden?

- Seien Sie liebevoll mit sich. Verurteilen Sie sich nicht. Schämen Sie sich nicht für das, was Sie ans Licht bringen; es ist mutig, *dass* Sie es ans Licht bringen! Und ermöglicht Ihnen, in Zukunft Ihre Wahrnehmung zu ändern.

Anregungen fürs Weitergehen:

- Entwickeln Sie Ideen, wie Sie demotivierenden Sichtweisen, nicht hilfreichen Gedanken und Gefühlen weniger Raum geben können. Wie können Sie *anders* sehen und denken? Falls Sie beobachten, dass Sie Ihre Aufmerksamkeit so stark auf das richten, was Sie im Moment als belastend erfahren, dass Sie nichts anderes mehr sehen: Vielleicht wollen Sie all das Belastende einmal aufschreiben, sich erneut ein klares Bild machen, worum es im Kern geht, und Ideen sammeln, wie Sie hier anpacken können. Sie werden erfahren, dass Ihnen dies bereits einen anderen Zugang zu diesen Belastungen gibt. Achten Sie gleichzeitig verstärkt auf Momente, in denen Ihr Blick nicht auf die Belastungen gerichtet ist. Was ist dann? So lenken Sie Ihre Aufmerksamkeit auf das, was Ihnen hilft, Belastungen zu begegnen. Und Sie erfahren, dass Sie diese mit einer anderen »Brille« und mit mehr Distanz wahrnehmen und dadurch mehr Ideen bekommen, was Sie tun können. Oder, falls Sie entdecken, dass Sie sich von entmutigenden Gedanken verunsichern lassen: Halten Sie beispielsweise in solchen

Momenten unmittelbar inne und finden Sie heraus, was Sie jetzt *stattdessen* denken können. Falls Sie Überzeugungen entdecken, wonach Sie machtlos Umständen ausgeliefert sind: Formulieren Sie eine neue Überzeugung, etwa: »Dinge sind so, wie sie sind. Ich schaffe jetzt Überblick und finde heraus, was ich dazu beitragen kann, dass sich meine Situation positiv verändern kann.« Oder wenn Sie erkennen, dass Sie sich immer wieder in einen Sog destruktiver Gefühle hineinziehen und davon lähmen lassen: In welchen Momenten ist das so? Wie können Sie diesen Gefühlen begegnen, sodass Sie nicht davon gelähmt werden? Und so weiter. Probieren Sie aus, wie Sie Ihre Aufmerksamkeit umlenken, Demotivierendem, nicht Hilfreichem Macht entziehen können. Dieser Prozess wird unterstützt, wenn Sie besser zu verstehen beginnen, warum Sie nicht förderliche Wahrnehmungen aufrechterhalten. Ist es beispielsweise Gewohnheit? Oder Angst vor Neuem? Ist es Anpassung an gängige Meinungen in Ihrem Umfeld? Überall, wo es Ihnen gelingt, Demotivierendes und nicht Hilfreiches in Schranken zu weisen, werden Sie sich unmittelbar besser fühlen und anders durch den Tag gehen. Sie werden Mut fassen, diesen Prozess weiter zu führen. Beeinträchtigendes wird nach und nach an Macht verlieren.

- Üben Sie sich bei Bedarf mit zusätzlichen Maßnahmen darin, Ihre Aufmerksamkeit von Demotivierendem, nicht Hilfreichem abzulenken. Finden Sie etwa heraus, was Sie in Momenten tun, in denen sich Demotivierendes breitmachen will. Eine Frau, die ich durch eine schwierige Zeit begleitete, stellte sich jedes Mal, wenn sie fühlte, in einen Sog frustrierender Gedanken zu kommen, vor, mit einem mentalen Spray schwarze Wolken aufzulösen. Es wirkte. Eine andere Frau stellte sich vor, dass sie mental einen Lichtschalter betätigte, wenn sie in destruktive Gedanken abzudriften drohte. Vielleicht malen Sie sich ein kleines Stopp-Schild, das Sie jedes Mal aus Ihrer Tasche nehmen, wenn Sie gedanklich um Belastendes kreisen. Finden Sie *Ihre* Form. Solche kleinen Maßnahmen helfen, die Aufmerksamkeit unmittelbar abzulenken von dem, was runterzieht. Oder erkunden Sie, was dazu führt, dass Sie aus düsteren Gedanken und Gefühlen wieder rauskommen. Wie haben Sie das bisher geschafft? Was erweist sich als hilfreich? Erinnern Sie sich das nächste Mal daran; allenfalls mit einem symbolischen Gegenstand oder einem kleinen Ritual.

1.6 Zwischenhalt

> »*Genie bedeutet wenig mehr als die Fähigkeit, in einer unüblichen Weise wahrzunehmen.*«
> William James

Wenn Sie Kapitel 1 auf sich wirken gelassen und Impulse aufgenommen haben, haben Sie sehr wichtige Schritte gemacht: Sie sind sich der Bedeutung Ihrer Wahrnehmung bewusst(er) geworden. Wenn Sie sich Zeit genommen haben, die Inhalte dieses Kapitels auf Ihre Situation zu übertragen, dann haben Sie die Bereitschaft aufgebracht, genau hinzuschauen und sich mit Ihrer Wahrnehmung auseinanderzusetzen. Dabei werden Sie Entdeckungen und Erkenntnisse gemacht, Zusammenhänge verstanden haben.

Die Belohnung für Ihre Arbeit: Sie gehen bewusster durch Ihr Leben. Sie wissen, dass Sie Ihre Wahrnehmung beeinflussen können. Sie erfahren, dass Sie dadurch Ideen entwickeln und Lösungen entdecken. Vielleicht stellen Sie fest, dass Ihr Umfeld anders auf Sie zu reagieren beginnt. Ja, möglicherweise beobachten Sie schon, dass Dinge sich zu ändern beginnen.

Ein ermutigendes Beispiel dazu ist Anna, die Frau von Hans, von dem in der Einleitung zum ersten Kapitel die Rede war. Die plötzliche Krankheit ihres Mannes und die Art, wie sie gemeinsam mit dieser Krankheit umgingen, hatten überaus positive Folgen auf Annas Art, wahrzunehmen und durchs Leben zu gehen. Die Erfahrung, dass man einer sehr eingreifenden Veränderung ins Auge schauen und gerade dadurch konstruktiv damit umgehen kann, ließ Anna ihre eigene Kraft, ihren eigenen Mut entdecken. Sah sie vorher schnell mal Gefahren und Risiken, so ging sie noch zu Lebzeiten ihres Mannes, vor allem aber auch nach seinem Tod mit viel mehr Entschlossenheit, Selbstvertrauen und Zuversicht durchs Leben. Sie hatte begonnen, sich bewusst an allem zu orientieren, was sie aufbaute. Ihr Umfeld nahm dies unmittelbar wahr. Anna erhielt anerkennende Bemerkungen. Von allen Seiten wurde ihr Hilfe angeboten. Sie wurde eingeladen. Diese positiven Erfahrungen wiederum bestärkten Anna im Neuen. Auch heute, einige Jahre nach dem Tod ihres Mannes, orientiert sie sich an aufbauenden Sichtweisen und handelt entsprechend. Zwar hat sie verständlicherweise auch immer wieder mal einen Rückschlag, aber all die positiven Erfahrungen helfen ihr in solchen Momenten. Anna bleibt dran.

Dieses Beispiel zeigt, dass selbst eine sehr eingreifende Veränderung positive Entwicklungen in Gang setzen kann. Es zeigt sehr schön, wie Sie auch in einer herausfordernden Situation Ihre Wahrnehmung verändern können und wie sich dadurch Beziehungen und Lebensqualität zu ändern beginnen. Förderliche Wahrnehmungen fallen dabei nicht plötzlich vom Himmel: Hans und Anna haben daran gearbeitet, konstruktiv mit der großen Herausforderung umzugehen. Sie haben darüber geredet, haben zusammen Strategien entwickelt, sich immer wieder an dem zu orientieren, was aufbauend war. Sie haben sich gegenseitig unterstützt. Sie haben nicht zufällig eine hilfreiche Wahrnehmung und einen produktiven Umgang mit Krankheit und Tod erworben, sondern die Bereitschaft dazu aufgebracht und sich darin geübt. Das Beispiel zeigt, dass es dazu nie zu spät ist: Anna war zum Zeitpunkt der Krankheitsdiagnose ihres Mannes Ende sechzig. Schließlich zeigt das Beispiel, dass sich die eigene Wahrnehmung auf die Wahrnehmung des Umfeldes auswirkt: Hans beeinflusste durch die Art, seine Situation wahrzunehmen und damit umzugehen, auch Wahrnehmung und Handeln seiner Frau.

Wenn Sie sich darin üben, genau hinzuschauen, wird Ihnen vieles auffallen, was Ihnen bisher vielleicht nicht so bewusst war. Sie werden staunen. Sie werden schätzungsweise auf eine gute Weise mehr Distanz zu Situationen bekommen und weniger schnell von Dingen emotional absorbiert sein. Wenn Sie in Ihrem eigenen Tempo und auf eine Ihnen entsprechende Weise anfangen, sich in bewusster Wahrnehmung zu üben, werden Sie auf spielerische Art eine Lebensweise entwickeln, auf die Sie mit der Zeit nicht mehr verzichten wollen. Sie sind überdies geübt für zukünftige Situationen, in denen es wiederum wichtig ist, genau hinzuschauen und bewusst wahrzunehmen. Sie werden feststellen, dass dies immer schneller und einfacher geht.

Für Menschen, die plötzlich – jetzt – mit großen Veränderungen konfrontiert sind, kann ich nur sagen: an die Arbeit und jetzt anfangen. Eine Alternative gibt es nicht. Auch in kurzen Zeiträumen ist viel möglich. Das Einzige, was zählt: jetzt anfangen. Jetzt die Bereitschaft aufbringen, genau hinzuschauen. Jetzt bewusster wahrnehmen. Jetzt eine Wahrnehmung entwickeln, die Sie in die Lage versetzt, das zu tun, was Sie jetzt tun können.

Nun steht dem nächsten Schritt, auf den Sie vielleicht schon ungeduldig warten, nichts mehr im Weg: dem Handeln. Wohl haben sich hier und da bereits eine Idee, ein Wunsch, eine Vorstellung gemeldet darüber, was Sie machen wollen und können. In Kapitel 2 werden Sie dazu angeregt, auf der Basis gewonnener Informationen und Erkenntnisse entschlossen und mutig zu handeln und damit aktiv Ihren Beitrag zu leisten, dass Ihre Ideen, Wünsche und Visionen Gestalt annehmen.

2. ENTSCHLOSSENHEIT und MUT, vorwärtszugehen: Entscheiden und handeln

»Es ist nicht genug, zu wissen, man muss es auch anwenden. Es ist nicht genug, zu wollen, man muss es auch tun.«
Johann Wolfgang von Goethe

Stellen Sie sich vor: Sie befinden sich auf einem Segelschiff auf offenem Meer. Sie haben ein Ufer verlassen, sind unterwegs zu einem anderen. Sie geraten in ein Unwetter. Was können Sie tun, um das angesteuerte Ufer zu erreichen? Sie können den Sturm nicht beseitigen – das liegt nicht in Ihrer Macht. Gegen den Sturm zu kämpfen ist wenig sinnvoll – der Sturm ist stärker. Was Ihnen hilft: Dass Sie wissen, wo Sie sind, dass Sie sich entschlossen auf den Horizont ausrichten, wo das Ufer liegt, das Sie erreichen wollen, und dass Sie mutig das Ihnen Mögliche tun, um in Richtung dieses Horizontes vorwärtszukommen, durch das Unwetter hindurch.

Eine Veränderung anzugehen hat viele Parallelen mit einer Segelfahrt durch unruhige Gewässer. Auch hier sind diese drei Dinge wichtig: Klarheit schaffen in Bezug auf die aktuelle Situation – davon handelte Kapitel 1 –, sich entschlossen auf einen motivierenden Lebenshorizont ausrichten und mutig das Mögliche tun, um in dessen Richtung vorwärtszukommen – darum geht es in Kapitel 2.

Auf hoher See brauchen Sie einen Horizont, um sich zu orientieren. Das gilt auch für das Leben: Ein Horizont ermöglicht Ihnen zu entscheiden, wohin Sie Schritte machen können und müssen. Menschen in Veränderungen sind oft so beschäftigt mit dem, was, war und mit dem, was (nicht mehr) ist, dass sie vergessen, sich damit zu beschäftigen, *wohin* sie weiterziehen.

Auf einer Segeltour nehmen Sie Kurs auf ein Ufer, das Sie erreichen *wollen*. Im Sturm wird Sie die Vorstellung jenes Ufers zusätzlich motivieren, alle Kenntnisse und Kräfte zu mobilisieren, um vorwärtszukommen. Auch das gilt für den Umgang mit Veränderung. Ein motivierender Horizont gibt Energie, anzupacken, was es anzupacken gilt.

Fallgeschichte Christian, Mitte dreißig, konnte nach einem Hirnschlag nicht mehr sprechen. Sein Horizont war es, wieder in seinem Beruf, den er liebte, arbeiten zu können. Mit einem Logopäden rang er um das Wiederfinden seiner Sprache. Sie benutzten dazu Fotos aus Christians Sammlung – er ist begeisterter Hobbyfotograf. Indem er Bilder anschaute, die ihn an seine Leidenschaft erinnerten, kamen die Wörter zurück. Mit diszipliniertem Üben fand er seine Sprache wieder. Heute kann er wieder sprechen und arbeitet wieder in seinem Beruf. Der Sturm liegt hinter ihm.

Geholfen hat ihm sein Horizont: eine geliebte berufliche Tätigkeit und die Begeisterung fürs Fotografieren. Der Weg – das mühselige Lernen und Üben – blieb ihm nicht erspart, doch die Ausrichtung auf seinen Horizont schenkte ihm Motivation dranzubleiben.

Es ist essenziell für den Umgang mit Veränderungen, dass Sie Ihren Blick nicht auf das Unwetter fixieren, sondern sich auf einen Horizont ausrichten, der Sie motiviert, vorwärtszugehen. Je anspruchsvoller, dynamischer, unvorhersagbarer die Umstände, desto wichtiger ist es, dass Sie sich damit beschäftigen, *wohin* Sie weitergehen, in welche *Richtung* Sie sich weiterentwickeln wollen. Dies befähigt Sie, entschlossen und mutig zu handeln.

2.1 Sie brauchen einen Horizont, der Sie motiviert, vorwärtszugehen

> »*Ich kann meine Träume nicht fristlos entlassen, ich schulde ihnen noch mein Leben.*«
> Frederike Frei

Warum ein motivierender Horizont?

Um ans Ufer zu gelangen, müssen Sie eine Vorstellung davon haben, *dass* es ein Ufer gibt und wo dieses liegt. **Um durch eine Veränderung in positive neue Situationen zu kommen, ist es wichtig, dass Sie sich vorstellen können, dass dies möglich ist. Und es ist wichtig, dass Sie sich damit beschäftigen, was das für Sie beinhaltet.** Sie werden kaum einen liebevollen Partner für sich interessieren, wenn Sie es für unmöglich halten, einem solchen Menschen zu begegnen, und wenn Sie keine Idee haben, wie Sie sich mit diesem Menschen fühlen wollen. Sie finden kaum eine erfüllende berufliche Tätigkeit, wenn Sie denken, dies sei jenseits Ihrer Möglichkeiten, und wenn Sie keine Vorstellung haben, was eine solche Tätigkeit beinhaltet.

Die vier wichtigsten Gründe für einen motivierenden Horizont:

- *Ein motivierender Horizont verleiht Energie.* Der Blick über die aktuelle Situation hinaus erinnert daran, dass es mehr gibt als diese Situation. Dies stärkt Entschlossenheit und Mut, der Veränderung die Stirn zu bieten, und mobilisiert Kräfte, die dazu nötig sind.
- *Ein motivierender Horizont lädt zur Übernahme von Verantwortung für die eigene Entwicklung ein.* Wo Sie einen Horizont haben, auf den Sie sich hinbewegen wollen, wird es

für Sie eine natürliche Konsequenz sein, das Ruder in die Hand zu nehmen.
- *Ein motivierender Horizont ermöglicht Orientierung.* Sie können sich immer wieder auf diesen Horizont ausrichten. Vor allem in turbulenten Situationen ist dies wichtig.
- *Ein motivierender Horizont erleichtert Entscheidungen.* Ihr Horizont vermittelt Ihnen Klarheit, was Ihre Prioritäten sind und wie Sie zu entscheiden haben, um in diese Richtung vorwärtszukommen.

Menschen, die keinen motivierenden Horizont haben, sind – verständlicherweise – kaum zu gewinnen, Veränderung anzugehen. Es motiviert nicht, etwas anzupacken, wenn man nicht weiß, wozu und wohin. Ohne solchen Horizont macht es wenig Sinn, alles zu unternehmen, um vorwärtszukommen. Sinnlos ist dabei aber nicht die Veränderung, sondern das Vorwärtsgehen ohne sinnvollen Horizont. Das ist ein Unterschied. Werden Sie sich dieses Unterschiedes bewusst.

Was ist ein motivierender Horizont?

Ein motivierender Horizont ist eine Vorstellung, wie Sie sein möchten und was für ein Leben Sie leben wollen. Es ist ein inneres Bild, in Richtung dessen Sie sich entwickeln möchten. Dieses Bild wirkt zurück in die Gegenwart und erschließt Ihnen Handlungsmöglichkeiten.

Ein motivierender Horizont kann mit konkreten Vorstellungen verbunden sein. Dies veranschaulicht die Geschichte einer blinden Frau aus Deutschland, deren Fernsehauftritt mich beeindruckt hat.

Sabriye Tenberken, geboren 1970, ist mit 12 Jahren völlig erblindet. Im Umgang mit dieser Veränderung und während eines Tibetologie-Studiums wurde ihr motivierender Horizont deutlich: In Tibet eine Schule für blinde Kinder aufzubauen. In Tibet gibt es viele blinde Kinder und wenig Unterstützung. Sabriye entwickelte eine tibetische Blindenschrift. Sie reiste in das Land, um sich ein Bild zu machen und Möglichkeiten zu erkunden, wie sie ihre Ideen umsetzen konnte. Sie hatte viele Herausforderungen zu bewältigen. Doch sie blieb dran. Und ihr Horizont ist Wirklichkeit geworden: 1998 starteten Sabriye und ihr Partner Paul Kronenberg in einem Vorort von Lhasa das »Blindenzentrum Tibet ›Braille Without Borders‹« für blinde tibetische Kinder. Die vorwiegend einheimischen Lehrkräfte sind teilweise ebenfalls blind. Das Projekt ist ein großer Erfolg. Inzwischen werden auch Berufsausbildungen angeboten. Die Mehrzahl der AbsolventInnen hat einen Beruf, verdient den eigenen Lebensunterhalt, manche wagten selbst den Schritt ins Ausland, um dort zu studieren oder zu arbeiten.

Sabriye hat selbst erfahren und lehrt nun andere Menschen, dass ein motivierender Horizont Kräfte freisetzt und Dinge möglich macht, die viele für unmöglich halten. Die AbsolventInnen des Zentrums haben wohl nicht nur gelernt, sich als Blinde im Leben zu bewegen, sie haben nicht nur Selbstvertrauen und Unabhängigkeit gewonnen, sondern sie folgen selbst motivierenden Horizonten. Sabriyes Motto: »*Und das gibt einem Mut, über angebliche Grenzen hinwegzusteigen und zu sagen, ich lasse mich nicht von einem Sackgassenschild abschrecken, sondern ich gehe hinein und schaue, ob es nicht doch einen Ausweg gibt.*«

Ein motivierender Horizont kann auch auf etwas bezogen sein, was Sie gerne tun. Ein Beispiel ist Paul Potts, ein Engländer, geboren 1970, der seit 2007 einen Namen als Opernsänger aufbaut. Berichte über ihn haben meine Aufmerksamkeit erregt. Videoclips seiner ersten Auftritte und spätere Interviews beeindruckten mich.

Fallgeschichte

Paul war ein unscheinbarer Mann. Er wurde wegen seines Übergewichts gehänselt. Aufgrund eines abgebrochenen Zahnes wagte er nicht zu lächeln. Er war schüchtern. Doch er hatte eine Leidenschaft: das Singen. Er sang in Chören, sparte, um Gesangskurse besuchen zu können. Er baute sich ein Repertoire an Opernarien auf. Eines Tages erwog er, am Talentwettbewerb »Britain's Got Talent« teilzunehmen. Er zögerte: War er mit Mitte dreißig zu alt? Hatte er genügend Talent? Er warf eine Münze. Die Münze sagte: »Meld dich an!« Das machte er. Als er vor die Jury trat, wurde er skeptisch empfangen. Paul begann zu singen. Innerhalb weniger Minuten war nicht nur das Publikum begeistert, sondern standen den Jurymitgliedern buchstäblich die Münder offen: Hier sang ein großes Talent. Und dieses Talent gewann den Wettbewerb und ist inzwischen auf der ganzen Welt unterwegs, um zu singen.

Paul Potts hatte einen motivierenden Horizont: das Singen. Dieser Horizont gab ihm Energie und wurde schließlich zu seinem Lebensinhalt und zu seiner Einkommensquelle.

Ein motivierender Horizont kann auch auf ein Lebensgefühl bezogen sein.

Fallgeschichte

Ich begleitete Ruth, eine arbeitslose Frau Ende fünfzig. Parallel zur Stellensuche beschäftigten wir uns mit der Frage, wie ein sinnvolles Leben unabhängig von Erwerbsarbeit für sie aussehen könnte. Sie formulierte spontan, dass sie von einem Leben am Mittelmeer träumte. In der Unterhaltung über diesen Traum wurde ihr klar, dass es ihr darum ging, entspannter leben zu können, mit mehr Ruhe, Lebensfreude, mit mehr Zeit für Dinge, die sie interessierten. Diese Erkenntnis löste viel aus. Ruth begann sich dafür einzusetzen, bewusst Momente der Entspannung zu schaffen, brachliegende Hobbys wieder aufzunehmen. Sie ging Konflikte mit ihrem Lebenspartner an, statt weiter darunter zu leiden. Sie transportierte sozusagen ihre Vorstellung von einem

Leben am Mittelmeer in ihre Situation. Mit dem Ergebnis, dass sie nicht nur zufriedener und entspannter zu leben vermochte und ihre Lebensqualität als wesentlich höher einstufte, sondern dass sie auch die Stellensuche anders anpackte – und eine Stelle fand.

Ruths motivierender Horizont – ein Leben am Mittelmeer bzw. das, was damit verbunden war, ein entspanntes, mit aufbauenden Tätigkeiten erfülltes Leben – führte dazu, dass sie ihre Situation anders anging. Ein Leben am Mittelmeer wurde für sie zu einem *Symbol* dessen, was sie mit einem sinnvollen Leben verband – es war für sie nicht mehr wichtig, dorthin zu ziehen.

Ein motivierender Horizont hat bestimmte Eigenschaften, die ihn als solchen kennzeichnen:

Ein motivierender Horizont spiegelt, was Ihnen, Ihrem Wesen, entspricht. Etwas, was Ihnen nicht entspricht, motiviert Sie nicht, zumindest nicht auf Dauer. Ein motivierender Horizont hat immer zu tun mit Ihren Talenten, Stärken und Interessen. Er bringt zum Ausdruck, was in Ihnen *schon* angelegt ist – und noch mehr zum Ausdruck kommen will. Über die Frage, wer Sie sein, wie Sie leben, was Sie tun wollen, finden Sie die Antwort darauf, wer Sie sind.

Ein motivierender Horizont mobilisiert Kräfte. Er erschließt Ihnen den Zugang zu Freude, Begeisterung, Inspiration. Ein solcher Horizont zieht Sie vorwärts, verleiht Ihnen Energie. Er stärkt Entschlossenheit und Mut. Sabriye Tenberken orientierte sich nicht an der Blindheit und deren Einschränkungen, sondern an ihrem Horizont. Dies setzte unglaubliche Kräfte frei – Kräfte, mit denen sie unzählige praktische, finanzielle, kulturelle Herausforderungen meisterte. Paul Potts mobilisierte durch die Orientierung an seinem Horizont Kraft und Mut, sich für den Talentwettbewerb anzumelden. Ruths motivierender Horizont bewirkte, dass sie ihre Lebenssituation energischer anpackte.

Ein motivierender Horizont macht es sinnvoll, vorwärtszugehen. Wie auch immer Ihre aktuelle Situation beschaffen sein mag – ein motivierender Horizont zeigt Ihnen auf, wozu es Sinn macht, sich Herausforderungen zu stellen. Ihre Situation erscheint in einem neuen Licht; es steht weniger das im Zentrum, was jetzt allenfalls als schwierig erfahren wird, sondern mehr das, wofür es sich lohnt, diesen Schwierigkeiten zu begegnen. Für Sabriye Tenberken, Paul Potts und Ruth machte es Sinn, Schritte zu wagen und Herausforderungen die Stirn zu bieten – weil sie dies ihrem Horizont näher führte.

Ein motivierender Horizont befähigt, Veränderung produktiv anzugehen. Dies wird etwa bei Ruth deutlich. Ruth neigte dazu, Dinge über sich ergehen zu lassen. Die Formulierung eines motivierenden Horizontes änderte dies. Ruth entdeckte aufgrund ihres Horizontes, was sie tun konnte, und wurde viel aktiver. Sie machte so die Erfahrung, dass sie ihre Lebenssituation beeinflussen, gestalten konnte und dass diese sich sehr positiv änderte.

Ein motivierender Horizont ermöglicht, dranzubleiben und durchzuhalten. Ein solcher Horizont erspart Anstrengungen, Durststrecken, vielleicht auch Enttäuschungen und Leid nicht. Aber er vermittelt immer Orientierung und Kraft. Sabriye Tenberken benötigte wohl enorm viel Ausdauer, um die sicher beträchtlichen Herausforderungen zu bewältigen. Nur wenige haben anfangs geglaubt, dass sie es schaffen würde. Aber sie ist drangeblieben.

Ein motivierender Horizont zeichnet sich schließlich dadurch aus, dass er in Bezug auf das Wann, Wo und Wie der Verwirklichung offen ist. Dinge können zu einem anderen Zeitpunkt, an einem anderen Ort und auf andere Weise Wirklichkeit werden, als Sie sich das jetzt vorstellen. Sabriye Tenberken wusste nicht, wie sich ihr Projekt entwickeln würde. Paul Potts konnte nicht davon ausgehen, dass er den Talentwettbewerb gewinnen und als Sänger seinen Lebensunterhalt verdienen würde. Ruths Weg führte nicht ans Mittelmeer, sondern in ein entspannteres Leben in der Schweiz. Ein motivierender Horizont ist nicht zu verwechseln mit der Fixierung auf die Erfüllung ganz bestimmter Gegebenheiten. Ein motivierender Horizont ist beispielsweise nicht

Was ist ein motivierender Horizont?

Ein inneres Bild,
wie Sie sein und wie Sie leben wollen

Dieses Bild

– entspricht dem eigenen Wesen;
– mobilisiert innere Kräfte;
– macht es sinnvoll, vorwärtszugehen;
– befähigt, Veränderung produktiv anzugehen;
– ermöglicht, dranzubleiben und durchzuhalten;
– ist offen in Bezug auf das Wann, Wo und Wie der Verwirklichung.

Wie will ich sein?

Wie will ich leben?

Abbildung 6

gebunden an eine ganz bestimmte Traumstelle oder einen ganz bestimmten Traumpartner. Ein solcher Horizont bringt vielmehr zum Ausdruck, was Sie in einer Traumstelle tun werden, wie Sie sich mit Ihrem Traumpartner fühlen wollen.

In Abbildung 6 ist zusammengefasst, was ein motivierender Horizont ist und was einen solchen Horizont charakterisiert.

Wie komme ich zu einem motivierenden Horizont?

Sie können Ihrem motivierenden Horizont auf unterschiedliche Weise auf die Spur kommen:

Sie sind einfach offen und achtsam. Ein motivierender Horizont liegt oft näher, als Sie denken. Wenn Sie offen sind und darauf achten, was Sie gerne machen, was Sie inspiriert, was Ihnen Energie gibt und Mut macht usw., werden Sie Ihrem Horizont auf die Spur kommen. Es wird sich abzeichnen, was Ihnen entspricht und in welche Richtung Sie weitergehen wollen.

Ein anderer Weg zu einem motivierenden Horizont: Sie erkunden Ihr Leben gezielt auf alles, was Indiz ist für einen solchen Horizont. Sie vergegenwärtigen sich Momente, in denen Sie in Ihrem Element waren oder besondere Erfolge erzielten, Phasen, in denen Sie glücklich waren, oder ganz einfach Situationen, von denen Sie heute sagen: »Ich wünsche mir, dass das mehr Raum einnimmt in meinem Leben!« Oder: »So möchte ich leben!« Auch scheinbare Details und kurze Momente, in denen Sie einen motivierenden Horizont erfahren haben, können wesentlich sein. Werten Sie nichts vorschnell als unwichtig ab.

Eine weitere Möglichkeit: Sie entwickeln aktiv einen solchen Horizont, indem Sie »vom Ende her denken« (Wayne W. Dyer), indem Sie sich die Frage beantworten: Wie sieht eine Lebenssituation aus, für die es sich lohnt, den aktuellen Herausforderungen die Stirn zu bieten? Sie erkunden, wie Sie in dieser Situation sind, in welcher Umgebung Sie sich bewegen, welche Menschen Sie umgeben, was Sie tun. Sie lassen dieses innere Bild plastisch und lebendig werden – als wäre es bereits Wirklichkeit.

Je nach Situation kann es angebracht sein, den Zeitrahmen, auf den dieser Horizont bezogen ist, in die Nähe zu rücken. Es kann ein zu großer Schritt sein, einen motivierenden Horizont in Bezug auf Ihr Leben als Ganzes zu entwickeln. Möglicherweise ist es im Moment angemessener, einen zeitlich näher gelegenen Punkt zu wählen. Folgende Zeitrahmen können dabei sinnvoll sein:

- *Motivierender Horizont wird auf die Lebenssituation unmittelbar nach der Veränderung bezogen:* Wie sieht für Sie beispielsweise eine Lebenssituation nach der Trennung von Ihrem Partner aus, die es sinnvoll macht, sich jetzt zu engagieren?
- *Motivierender Horizont wird auf den Prozess durch die Veränderung bezogen:* Wie sieht für Sie zum Beispiel ein Weg durch eine Phase der Arbeitslosigkeit aus, sodass Sie konstruktiv vorwärtsgehen und am Ende sagen können: »Ich habe diese Zeit optimal genutzt!«?

- *Motivierender Horizont wird auf den unmittelbar bevorstehenden Zeitraum bezogen:* Dies kann beispielsweise bei einer akuten Krankheit angebracht sein. Hier lautet die Frage etwa: Was würde Ihnen jetzt Kraft geben, die nächsten Tage oder Stunden durchzuhalten? Was ist Ihr motivierender Horizont für diesen einen Tag? Was würde jetzt Ihre Lebensqualität erhöhen?

Wo auch immer Sie ansetzen – immer geht es darum: Was ist Ihr Horizont, auf den Sie sich hinbewegen wollen, der in Ihnen Kraft mobilisiert, für den es sich lohnt, jetzt vorwärtszugehen?

In Abbildung 7 sind die Schlüsselfragen, die helfen, einen motivierenden Horizont zu entwickeln, zusammengefasst.

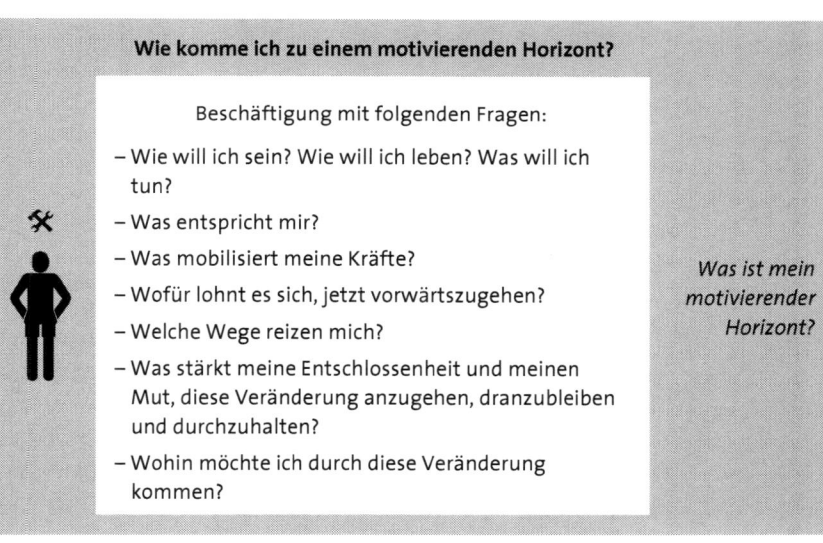

Abbildung 7

2.2 Entscheiden Sie, Kurs zu nehmen auf Ihren motivierenden Horizont

»*Sie brauchen Ihr Glück nicht zu suchen, entscheiden Sie sich einfach dafür.*«
Wayne W. Dyer

Sie werden nicht zu einer schönen Insel kommen, indem Sie nur davon träumen – sondern indem Sie sich in Bewegung setzen. Ein motivierender Horizont nützt wenig, wenn Sie nicht entscheiden, sich in dieser Richtung auf den Weg zu machen.

Entscheiden, vorwärtszugehen

Eine Veränderung erfolgreich anzugehen, erfordert, sich zu entscheiden: »**Ich richte mich aus auf das, was mich reizt, mir entspricht, wofür es sich lohnt, vorwärtszugehen – und ich ziehe los!**«

Diese Entscheidung erfordert Entschlossenheit und Mut: Sie nehmen Kurs auf Ihren Horizont, ohne schon zu wissen, wann und wo Sie ankommen werden. Möglicherweise haben Sie vertraute Gewässer zu verlassen. Oft ist dies der Grund, warum Menschen in unglücklichen Situationen bleiben – sie träumen von einem schöneren Leben, aber sie bringen Entschlossenheit und Mut nicht auf, sich auch tatsächlich mit allen Konsequenzen darauf auszurichten. Sie geben Gewohnheit, Zweifel, Angst mehr Macht als Entschlossenheit und Mut.

Niemand kann und wird Ihnen diese Entscheidung abnehmen. Sie sind frei, was Sie entscheiden. Sie sind frei, auf bessere Zeiten zu warten. Sie sind frei, nicht zu entscheiden. Sie sind aber auch frei, Schritte zu wagen. Es gibt keine urteilende oder strafende Instanz. Es gibt nur Konsequenzen, die mit Ihrem Entscheiden verbunden sind.

Seien Sie sich darüber klar, wofür Sie sich entscheiden.

Verantwortung für die eigene Entwicklung übernehmen

Die Entscheidung, Kurs zu nehmen auf einen motivierenden Horizont, ist verbunden mit der Übernahme von Verantwortung: Verantwortung für sich selbst, für das eigene Wahrnehmen, Entscheiden und Handeln. Verantwortung für die eigene Entwicklung, den eigenen Lebensweg. Verantwortung für die nächsten Schritte. Sie gehen damit ein Arbeitsbündnis mit sich selber ein.

Die Übernahme von Verantwortung geht mit Befreiung und Ermächtigung einher. Sie hat nichts zu tun mit »Du musst!« und »Du sollst!« und »Du bist selber schuld!« Sie hat zu tun mit »Du darfst!« und »Du kannst!« Die Übernahme von Verantwortung ist begleitet von Gedanken wie »Ich kann Initiative übernehmen.«, »Ich kann bestimmen, worauf ich mich ausrichte, welchen Weg ich einschlage.«

Sie werden erfahren, dass Sie Dinge in die Hand nehmen, beeinflussen und gestalten können. Dies gibt Energie, stärkt Ihr Selbstvertrauen und Ihre Selbstachtung. Für Ruth, die Frau Ende fünfzig, von der in Kapitel 2.1 die Rede war, war es eine überraschende Entdeckung: Wenn ich mich auf das ausrichte, was ich mir wünsche, und mich dafür engagiere, dann kann ich plötzlich meine Situation gestalten! Sie war fasziniert von der Erkenntnis, dass sie Dinge nicht über sich ergehen lassen musste, sondern ihre Lebenssituation aktiv anpacken konnte. Das gab ihr Energie und Selbstvertrauen. Interessant ist übrigens, dass sie in diesem Prozess Humor und Fröhlichkeit entwickelte; sie lachte viel mehr, machte spitzbübische Bemerkungen, strahlte viel mehr Leichtigkeit aus. Verantwortung für die eigene Lebenssituation zu übernehmen ist nicht etwas Belastendes, sondern eine Kraftquelle. Vorausgesetzt, diese Verantwortung ist bezogen auf einen motivierenden Horizont.

In diesem Sinn Verantwortung zu übernehmen, ist erkennbar an bestimmten Merkmalen:

Sie schauen genau hin, wie dies in Kapitel 1 beschrieben wurde. Sie nehmen sich Zeit, um Überblick zu gewinnen. Sie wissen, dass Überblick wichtig ist. Überblick ermöglicht zu erkennen, was jetzt zu tun ist bzw. getan werden kann. Dass Sie interessiert sind, Klarheit zu schaffen, dass Sie sich nicht davor scheuen, genau hinzuschauen, bedeutet, dass Sie Verantwortung übernehmen für Ihre Wahrnehmung.

Sie stellen ins Zentrum, was Sie sich wünschen. Sie bringen den Mut auf, sich auf das zu konzentrieren, was für Sie erstrebenswert ist. Sie lassen sich nicht einschüchtern oder einreden, dass das nicht gehe, nicht angemessen oder unrealistisch sei. Sie richten Ihren Kompass auf das aus, wofür Sie sich engagieren wollen, was Ihnen entspricht, was das Leben für Sie sinnvoll werden lässt. Sie übernehmen die Verantwortung für die Ausrichtung in Ihrem Leben.

Sie erkennen, was jetzt zu tun ist. Sie wollen wissen, was jetzt getan werden kann oder getan werden muss. Sie machen dies, um Zeit und Kräfte optimal zu nutzen. Sie bringen den Mut auf, Prioritäten zu setzen. Damit übernehmen Sie Verantwortung zu bestimmen, was jetzt wichtig ist, welche Schritte es jetzt braucht.

Sie sehen, was vorhanden ist. Sie richten Ihren Blick auf das, was Ihnen zur Verfügung steht und hilft. Sie sehen, was bereits da ist, worauf Sie zurückgreifen können. Sie sehen Ihre Talente, Erfahrungen und Interessen. Sie sehen, was Sie haben. Sie sehen, was Sie erreicht haben. Sie sehen die Menschen, die Sie unterstützen. Indem Sie Ihren Blick auf das richten, was schon vorhanden ist, übernehmen Sie Verantwortung zu nutzen, was Ihnen hilft.

Sie wählen und entscheiden. Sie sind sich bewusst, dass Sie wählen und entscheiden *können*. Sie wissen, dass Sie Umstände nicht immer sofort ändern können, dass Sie aber immer die Wahl haben, wie Sie diesen Umständen begegnen. Sie nutzen diese Möglichkeit im Dienste Ihrer Entwicklung: Sie wählen und entscheiden, Kurs zu nehmen auf das, was Sie sich wünschen, was Ihnen wichtig ist und was jetzt getan werden kann und muss. Sie übernehmen Verantwortung zu entscheiden.

Sie handeln. Sie bringen Entschlossenheit und Mut auf, Initiative zu übernehmen. Sie lassen sich nicht lähmen, sondern

> **Verantwortung für die eigene Entwicklung übernehmen**
>
> Die eigene Entwicklung in die Hand nehmen und in Richtung eines motivierenden Horizontes vorwärtsgehen
>
>
>
> Dies beinhaltet:
> - genau hinschauen;
> - Erwünschtes zentral stellen;
> - erkennen, was jetzt zu tun ist;
> - sehen, was vorhanden ist;
> - wählen und entscheiden;
> - handeln.
>
> *Übernehme ich Verantwortung für meine Entwicklung?*

Abbildung 8

tun, was Sie jetzt tun können. Sie sind sich bewusst, dass Sie den Lauf der Dinge immer beeinflussen. Dies ist für Sie Anlass, sich damit zu beschäftigen, wie Sie dies in einer konstruktiven Weise tun, wie Sie dazu beitragen können, dass Dinge sich positiv entwickeln. Sie übernehmen Verantwortung zu handeln.

In Abbildung 8 sind die Merkmale zusammengefasst, die Übernahme von Verantwortung für die eigene Entwicklung kennzeichnen.

Ablenkungsmanöver und Alibis erkennen

Die Entscheidung, Verantwortung für die eigene Entwicklung zu übernehmen und auf eine Weise zu handeln, die vorwärtsführt, kann durch Ablenkungsmanöver und Alibis im Keim vereitelt und dadurch ein produktiver Weg durch eine Veränderung beeinträchtigt werden.

Was sind Ablenkungsmanöver und Alibis?

Ablenkungsmanöver und Alibis sind Ausdruck von Sicht- und Denkweisen, die jetzt, wo es darum geht, Herausforderungen entschlossen und mutig zu begegnen, davon abhalten, dies auch zu tun. Während Ablenkungsmanöver davon abhalten, *dass* Sie das Ruder in die Hand nehmen, begründen Alibis, *warum* Sie das nicht tun. In beiden Fällen können Sie durchaus Dinge tun oder sogar sehr beschäftigt sein – aber Ihr Handeln ist nicht auf Ihren Horizont ausgerichtet. Sie können nicht Kurs nehmen auf einen motivierenden Horizont und zugleich an Sicht-, Denk- und Handlungsweisen gebunden bleiben, die dem entgegenstehen.

Indem Sie allfällige Ablenkungsmanöver und Alibis erkennen, können Sie sie hinter sich lassen; Sie erinnern sich an Kapitel 1.3: Sie können Ihre Wahrnehmung ändern. Damit übernehmen Sie Verantwortung und können entschlossener und produktiver handeln.

Zuerst ein paar Beispiele von häufigen Ablenkungsmanövern:

- *Verurteilen und Schuld suchen.* Wenn Sie sich, andere oder Umstände verurteilen oder beschuldigen, können Sie nicht genau hinschauen, Klarheit und Überblick gewinnen. Verurteilen und Schuld suchen lenkt ab von dem, was weiterführt. Und es schwächt Sie. Es schwächt *Sie* – nicht Umstände oder Menschen, die Sie verurteilen oder beschuldigen. Wenn Sie mit einem Schiff in einen Sturm geraten, ist es witzlos, sich Vorwürfe zu machen, dass Sie die Wetternachrichten nicht gut gelesen haben, oder sich zu ärgern, dass der Wetterbericht nicht richtig war – was hier zählt, ist, klaren Kopf zu bewahren und sich darauf zu konzentrieren, was Sie jetzt tun können.
- *Um Unerwünschtes kreisen.* Wenn Sie sich übermäßig mit dem beschäftigen, was Sie nicht wollen, stellen Sie nicht Erwünschtes ins Zentrum. Sie verschließen sich den Zugang zu Ihrem Horizont, damit auch zu dem, was Ihnen entspricht, was Sie motiviert und fördert. Wo Sie ins Dunkel schauen, sehen Sie kein Licht.
- *Sich mit Unwichtigem ablenken.* Wenn Sie sich ablenken

von dem, was wichtig ist, können Sie nicht erkennen, was jetzt zu tun ist. Beschäftigt sein heißt noch lange nicht das jetzt Wichtige tun. Mit der Konzentration auf das, was wichtig ist, nutzen Sie Zeit und Kräfte. Möglicherweise tun Sie auf diese Weise sogar weniger. Wenn Sie sich auf eine Bergwanderung begeben, klettern Sie nicht zuerst auf fünf andere Gipfel, bevor Sie sich auf den Weg zu dem Gipfel machen, den Sie erreichen wollen.

- *Mangeldenken pflegen.* Wo Sie Ihre Aufmerksamkeit auf das legen, was Ihnen fehlt, können Sie nicht sehen, schätzen und nutzen, was vorhanden ist. Talente, Erfahrungen und Interessen liegen brach. Mangeldenken ist Nährboden für Unzufriedenheit, für die Überzeugung, zu kurz zu kommen, benachteiligt zu sein. Das beeinträchtigt nicht nur die Befindlichkeit, sondern verhindert auch förderliches Handeln und erfreuliche Resultate. Dies wiederum verstärkt Mangeldenken. Ist Ihr Glas halb leer oder halb voll?

- *Opferdenken und Schicksalsglauben Raum geben.* Wenn Sie sich als Opfer von Umständen oder eines Schicksals sehen, verzichten Sie auf die Möglichkeit, zu wählen und zu entscheiden. Sie geben Macht ab – Macht über sich selbst. Sie verhindern damit, Ihre Fähigkeiten zu sehen und zu nutzen. Erinnern Sie sich daran, dass Sie zwar Umstände nicht immer sofort ändern, aber immer wählen und entscheiden können, wie Sie diesen begegnen. Ersetzen Sie Opferdenken durch die Beschäftigung mit der Frage, was Sie hier und jetzt tun können, um vorwärtszukommen. In dem Moment, in dem Sie entscheiden, sich mit dieser Frage zu beschäftigen, sind Sie kein Opfer mehr.

- *Sich an Hilflosigkeit und Ohnmacht orientieren.* Wenn Sie sich hilflos oder ohnmächtig fühlen und sich entsprechend verhalten, untergraben Sie Ihre Möglichkeit, Initiative zu übernehmen und zu handeln. Sie übergeben die Führung über Ihr Leben an andere. Sie machen sich abhängig. So arbeiten Sie gegen sich selbst und verlieren den Kontakt zu Ihrer Kraft. Sie beeinflussen Ihre Situation immer – auch wenn Sie sich hilflos und ohnmächtig verhalten. Beschäftigen Sie sich damit, wie Sie die Dinge konstruktiv beeinflussen können. Sie werden Ihre Kraft entdecken.

Häufige Alibis sind:

- »*Ich habe keine Zeit!*« Mit diesem Alibi wird die Ausrichtung auf einen motivierenden Horizont im Keim erstickt. Allenfalls wird sie auf »später« vertagt, auf die Zeit nach dem Abschluss dieses Projektes, auf eine Zeit, in der eine neue Stelle gefunden ist, auf die Zeit der Pensionierung. Wenn es denn so weit kommt ... Sie *haben* Zeit. Wenn Sie sich Zeit nehmen. Jetzt.
- »*Ich habe keine Wahl!*« Mit diesem Alibi wird Opferdenken verteidigt. »Heute haben wir doch nichts zu wählen. Man muss doch froh sein, einen Job zu haben!« Auch das ist eine Wahl – *nicht* zu wählen. Manchmal ist das ganz praktisch: Man braucht nichts zu tun. Doch die Kosten sind hoch: Menschen, die dieses Alibi pflegen, sind oft unzufrieden, unglücklich, kommen auf keinen grünen Zweig. Dieses Alibi wurzelt in einem Denkfehler. Wenn beispielsweise auf dem Arbeitsmarkt Stellen abgebaut werden, heißt das nicht, nicht wählen zu können, was Sie arbeiten wollen. Sie werden dadurch Energie mobilisieren, statt zu resignieren. Und es erhöht die Chance auf Erfolg: Ein guter Arbeitgeber stellt nicht jene Person an, die vermittelt, nichts zu wünschen zu haben, sondern jene, die zum Ausdruck bringt, dass sie Voraussetzungen und Motivation für *diese* Stelle mitbringt. Wenn Sie wenig Geld haben oder nicht gut ausgebildet sind, heißt das nicht, dass Sie nicht Ideen darüber entwickeln können, wie Sie das ändern wollen. Dies erfordert Entschlossenheit und Mut, Maßnahmen zu treffen. Diese Maßnahmen können eingreifend sein. Aber Sie können sich dafür entscheiden und Schritt um Schritt losziehen. Es ist unsere Kraft, die uns hilft, Wege zu finden, nicht Resignation. Sie *haben* die Wahl.
- »*Ist doch gar nicht so schlimm!*« Mit diesem Alibi werden Situationen beschönigt und aufrechterhalten. Da räumt je-

mand etwa ein, unzufrieden zu sein mit der Arbeitsstelle, schwächt aber gleich ab, es könnte ja noch schlimmer sein. Da beklagt sich jemand über seine Partnerschaft, redet sich aber ein, es gäbe in jeder Beziehung etwas, was nicht optimal sei. Innere Stimmen, die nach Veränderung rufen, werden betäubt mit Sätzen wie: »Das Perfekte gibt es nicht!«, »Man kann nicht alles haben!« Warum eigentlich nicht? Natürlich brauchen Sie nichts zu ändern, wenn Sie mit Ihrer Situation zufrieden sind oder wenn das Positive alles in allem überwiegt. Wenn eine Situation gut ist, brauchen Sie nicht Sätze wie: »Es ist doch gar nicht so schlimm!« Eine ehrliche Inventur wird Klarheit schaffen, ob Sie damit vor etwas ausweichen, was ansteht.

- »*Zuerst müssen sich Umstände ändern!*« Aufgrund dieses Alibis müssen sich erst Bedingungen ändern, bevor die eigene Entwicklung in die Hand genommen wird. Beispielsweise: »Wenn ich mehr Geld habe, werde ich mich um meine berufliche Weiterbildung kümmern.« Oder: »Wenn ich schlank bin, werde ich liebevoller mit mir umgehen.« Ein weiterer Denkfehler. Mit dem Bild vom Kompass ausgedrückt: Menschen sagen mit diesem Alibi, dass sie Kurs nach Süden nehmen werden, wenn sie merken, dass es wärmer wird, dass sie aber vorerst weiter nach Norden gehen. So werden sie nicht erfahren, dass es wärmer wird. Sie haben *zuerst* den Kurs zu bestimmen – *dann* können entsprechende Resultate kommen. Also: *Zuerst* ein Bild eines beruflichen Weges entwickeln, das motiviert, *dann* werden Ideen und Lösungen entstehen, wie das finanziell geregelt werden kann – wenn überhaupt noch nötig. *Zuerst* einen liebevollen Umgang mit sich entwickeln und *dadurch* abnehmen.
- »*Die Ausrichtung auf einen motivierenden Horizont ist ein Luxus, den ich mir nicht leisten kann!*« Gemäß diesem Alibi kann man sich einen motivierenden Horizont erst leisten, wenn man nichts Besseres zu tun hat. Ebenfalls ein Denkfehler. Das Gegenteil gilt: Sie können es sich nicht leisten, einen solchen Horizont *nicht* zu entwickeln. Wie viel Zeit, Geld,

Kraft wird aufgewendet, weil Menschen orientierungslos, unglücklich, unzufrieden sind, den Kontakt zu sich selbst verloren und keinen Horizont haben, für den sie sich engagieren wollen. Ganze Industrien und unser Gesundheitssystem leben davon. Dieser Denkfehler kostet Milliarden.

- »*Die Ausrichtung auf einen motivierenden Horizont ist etwas für andere, die mehr Glück im Leben (eine weniger schwierige Kindheit, eine bessere Ausbildung, mehr Geld, bessere Kontakte usw.) haben!*« Nach diesem Alibi bestimmen Umstände über die Ausrichtung im Leben. Leider wird selten die Frage gestellt, wie es scheinbar vom Leben bevorzugte Menschen in die Situation geschafft haben, in der sie leben. Genaues Hinschauen würde entdecken lassen, dass sich viele aus alles andere als optimalen Ausgangspositionen hinausentwickelt haben – *weil* sie Kurs genommen haben auf einen motivierenden Horizont. *Joanne K. Rowling, die Autorin von Harry Potter, schrieb den ersten Band ihrer Bestsellerreihe als alleinerziehende, von Sozialhilfe lebende Mutter. Weil sie sich das Kopieren nicht leisten konnte, schrieb sie ihr Manuskript mehrfach ab. Heute ist sie eine überaus erfolgreiche und vermögende Frau. Hätte sie den Gedanken gepflegt, ein motivierender Horizont sei etwas für andere, wäre sie nicht an diesen Punkt gekommen.* Wohin Sie in Ihrem Leben gelangen, ist nicht – oder nicht in erster Linie – abhängig von »Glück«, Herkunft, Erfahrungen in der Kindheit, sozialer Schicht, Bildung, Geld usw. Es ist vor allem abhängig von Ihrer Wahrnehmung, Motivation und davon, was Sie mit Ihren Gaben machen. »*Glück ist keine Glückssache*« (Reinhard K. Sprenger), sondern Resultat der Entscheidung, sich auf einen motivierenden Horizont auszurichten. Natürlich ist es dabei angenehmer, wenn vieles schon gut läuft.

- »*Ich bin zu alt!*« Dieses Alibi ist ein scheinbar triftiger Grund, eine Veränderung nicht anzugehen. Dazu ein Beispiel, das anregt, anders zu denken: *Die Eltern eines Freundes von mir haben ihr Leben lang in einem kleinen Dorf gelebt, waren*

kaum je bis über das Nachbardorf hinausgekommen. Es kam der Moment, da sie gesundheitlich nicht mehr in der Lage waren, in ihrem Haus zu leben. Die Mutter meines Freundes kam kurzfristig in ein Pflegeheim, baute dort aber so schnell an Lebenskraft ab, dass mein Freund kurzerhand entschied, in der Stadt, in der er lebte – rund 300 km entfernt –, eine kleine Wohnung zu kaufen und die Eltern selbst zu betreuen, neben voller Berufstätigkeit. Die Eltern kamen. Mit über 80 Jahren begannen sie einen neuen Lebensabschnitt fern vom Vertrauten. Die Mutter war innerhalb kürzester Zeit wieder in der Lage zu kochen, zu haushalten und Treppe zu steigen. Der Vater machte sich neugierig auf Entdeckungstour und lernte mit seiner freundlichen Art schnell Menschen kennen, auch solche, die um vieles jünger waren. Er organisierte selbst seinen neunzigsten Geburtstag!
Wir sind nie zu alt, eine Veränderung anzugehen – außer wir denken dies.

Erkennen Sie Sicht- und Denkweisen, die Sie davon abhalten, vorwärtszugehen. Und setzen Sie diesen oft altvertrauten »Leitplanken« solche gegenüber, die mit Ihrem motivierenden Horizont kompatibel sind. Mit der Zeit werden die alten Orientierungen an Macht verlieren.

Ausrichtung auf einen motivierenden Horizont befähigt zu konstruktivem Handeln

Die Ausrichtung auf einen motivierenden Horizont befähigt Sie, *jetzt* das Ihnen Mögliche zu unternehmen, um vorwärtszukommen. Sie werden wissen, was Sie zu tun haben. Sie werden die Kraft haben, Entscheidungen zu treffen und umzusetzen.

Sie können Kurs nehmen auf Ihren Horizont, ohne schon alle Einzelheiten Ihres Weges zu kennen – Sie werden unterwegs Informationen erhalten.

Wie es der griechische Philosoph Epiktet im 1. Jh. n. Chr. ausdrückte: »*Sage dir zuerst, was du sein willst, und tu dann, was du zu tun hast.*« Übertragen auf dieses Buch heißt dies: »Entwickle zuerst einen Horizont, der dich motiviert, vorwärtszugehen, nehme entschlossen Kurs darauf und tu dann mutig, was du zu tun hast.«

2.3 Mögliche Wege erkunden, entscheiden, losziehen und dranbleiben

> »*Eine Reise von tausend Meilen muss mit einem einzelnen Schritt anfangen.*«
> Laotse

Genauso wie es im Unwetter auf hoher See nicht genügt zu wissen, wo man ist, und auf Kurs zu bleiben, genügt es auch in einer Veränderung nicht, sich ein klares Bild gemacht zu haben und Kurs zu nehmen auf einen motivierenden Horizont. Das sind wichtige Voraussetzungen. Doch damit kommen Sie noch nicht ans angestrebte Ufer. Nun geht es ums Erkunden von möglichen Wegen, ums Entscheiden für einen dieser Wege, ums Umsetzen, Handeln, darum, entschlossen vorwärtszuziehen, dranzubleiben und schließlich anzukommen.

Mögliche Wege erkunden

Um mögliche Wege zu erkennen, muss man mögliche Wege sehen wollen. Sie können Möglichkeiten nicht sehen, wenn Sie ihnen nicht die Chance geben, sichtbar zu werden. Dies erfordert Mut zur Offenheit und Entschlossenheit, innere Stimmen wie »Ist unmöglich!«, »Geht nicht!« zu verweigern. *Zu einem Workshop mit Angestellten eines großen schweizerischen Unternehmens, das eingreifende Umstrukturierungen durchzuführen hatte, wurde ein Angestellter eines Industriekonzerns eingeladen. Dieser erzählte, wie es seine Firma geschafft hatte, eine Krise zu bewältigen und in eine Situation zu gelangen, in der wieder Gewinn erwirtschaftet wurde. Am Schluss dieses Workshops meinte einer der Teilnehmenden skeptisch: »Ja, das ist schön, wie das bei euch gelaufen ist – aber bei uns ist das unmöglich!«* In der Kommunikationstheorie werden solche Sätze »Killersätze« genannt – sie ersticken jeden Elan im Keim. *Die Antwort des Angestellten des Industriekonzerns war provokativ: »Geht nicht – gibt es nicht!«* Genau das war eines der Rezepte, die dieser Firma aus der Krise geholfen hatten. Deren Angestellte haben nicht gesagt: »Das geht nicht!«, sondern Gedanken und Ideen zu möglichen Strategien und Maßnahmen entwickelt, die das Unternehmen retten konnten. Sie wollten Möglichkeiten sehen. Und sie *haben* sie gesehen. Und sich dafür engagiert. Mit Erfolg.

Erkunden Sie, welche Wege in Richtung Ihres Horizontes führen. Öffnen Sie sich dabei für *alles*, was vorwärtsführen könnte. Untersuchen Sie verschiedene Möglichkeiten. Je mehr Sie dies tun, je offener Sie dabei auch für vermeintlich »Unmögliches« oder »Verrücktes« sind, desto mehr Ideen werden Sie entwickeln und desto eher werden Sie kreative Wege und Lösungen finden. In vielen Fällen wird sich bereits abzeichnen, was Sie tun wollen.

Sich für einen Weg entscheiden

Die Entscheidung, welchen Weg Sie in Richtung Ihres Horizontes einschlagen und wie Sie vorgehen, kann sich ergeben, ohne dass Sie lange nachdenken müssen; Sie entscheiden intuitiv und schnell. Möglicherweise ist es für Sie aber auch schwierig, zu einem Entschluss zu kommen; Sie setzen sich unter Druck, haben Angst, falsch zu entscheiden, oder lassen sich beeinflussen. Es ist nützlich, sich ein paar Dinge zu vergegenwärtigen, die wichtig sind, wenn es ums Entscheiden geht.

Setzen Sie sich nicht unter Druck, ein für alle Mal zu entscheiden. Das blockiert und hält vom Handeln ab. Sie können wieder neu entscheiden. Wenn Sie unterwegs merken, dass Sie nicht optimal entschieden haben, werden Sie mit den inzwischen gemachten Erfahrungen wissen, was Sie *dann* tun können. Natürlich geht es nicht darum, mal dieses und mal jenes zu entscheiden, und wenn etwas nicht sofort rund läuft, gleich wieder etwas Neues anzufangen. Es geht darum, ausgerichtet auf Ihren Horizont zu bestimmen, wo Sie beginnen, was der erste Schritt ist. Es geht darum, dass Sie anfangen, Schritte zu machen.

Es kann auch sein, dass Sie unter Druck geraten, weil die Entscheidung zu groß ist. Auch das beeinträchtigt und kann dazu führen, dass nicht entschieden wird; es ist ein zu großer Brocken. Sie können einen großen Brocken in kleine Brocken aufteilen. Sie können mit kleineren, überschaubaren Entscheidungen anfangen. Beispielsweise finden Sie eine Traumstelle in einer anderen Stadt und müssen dafür mit Ihrer Familie umziehen; ein guter Zwischenentscheid kann sein, dass Sie die Stelle annehmen, zunächst für einige Zeit pendeln und in Ruhe nach einer schönen Wohnsituation Ausschau halten.

Haben Sie den Mut, etwas zu wagen. **Wenn Sie alles absichern wollen, erschweren Sie sich das Entscheiden und damit auch das Handeln.** Damit vergeben Sie eine wichtige Möglichkeit, dass sich Ihre Situation positiv verändert. Nicht zu entscheiden ist auch nicht risikofrei – Sie können unerwartet von außen zu Veränderung gezwungen werden. Oft ist es besser, einen Schritt zu wagen, als in einer Situation zu verharren. Und wie gesagt: Eine Entscheidung, die sich als nicht optimal erweist, kann korrigiert werden.

Kommen Sie zu Ihrem eigenen Entschluss, d.h. zu einer Lösung, hinter der Sie voll und ganz stehen. Nur dann haben Sie uneingeschränkt Zugang zu Ihrer Kraft und sind in der Lage, sich voll und ganz einzusetzen. Lassen Sie sich weder von äußeren noch von inneren Stimmen manipulieren, die Sie zu einer Entscheidung bewegen wollen, hinter der Sie nicht stehen. Sie finden Ihren eigenen Weg, indem Sie fragen: Wohin zieht es mich spontan am ehesten? Welcher Weg gibt mir Energie, erste Schritte zu machen, und entspricht mir und meinen Fähigkeiten? Für welche Richtung übernehme ich gerne Verantwortung? Führt der Weg, für den ich mich entscheide, auf meinen Horizont hin? Woran ist das erkennbar?

Keine Entscheidung ist auch eine Entscheidung. Wenn Sie zum Schluss kommen, im Moment nichts zu unternehmen, kann das auch gut sein. Im Sturm auf hoher See kann es eine Notwendigkeit sein, die Segel einzuziehen und abzuwarten. Überprüfen Sie aber Ihre Motivation: Es gibt Situationen, in denen es gut ist, nicht aktiv zu werden; Sie haben noch kein deutliches Bild, aktive Schritte wären jetzt Flucht. Es gibt aber auch Situationen, in denen das Gegenteil der Fall ist. Dort wird Handeln aus Angst, Trägheit, Verunsicherung vermieden. Schauen Sie genau hin. Sie werden wissen, was bei Ihnen zutrifft.

Losziehen

Nun kommt der Moment, mutig loszuziehen. Vielleicht warten Sie seit Beginn der Lektüre dieses Buches auf diesen Abschnitt. Ja, das Handeln ist wichtig. Doch Sie erinnern sich: Die Gestaltung eines Veränderungsprozesses beginnt beim Denken. Sichtbare Schritte sind *Teil*, nicht Zentrum dessen, was dazu beiträgt, eine Veränderung konstruktiv anzugehen. Sie sind *Resultat* und Frucht der Auseinandersetzung mit Ihrer Wahrnehmung, der Entwicklung eines motivierenden Horizontes, der Übernahme von Verantwortung. Das alles *sind* bereits Schritte – vielleicht die wichtigsten. Auf deren Basis ergibt sich das Handeln oft wie von selbst – wie ein reifer Apfel, der vom Baum fällt.

Fangen Sie mit kleinen Schritten an. Beginnen Sie wie bei einer langen Bergwanderung in einem Ihnen entsprechenden Tempo. Es ist eine Falle zu denken, Sie müssten in einem Kraftakt sofort alles verändern. Und nicht selten ein Alibi, gar nicht erst anzufangen.

Denken Sie an das Zitat am Anfang dieses Kapitels: »*Eine Reise von tausend Meilen muss mit einem einzelnen Schritt anfangen.*« Auch große Veränderungen beginnen mit einem ersten Schritt. Der erste Schritt kann sehr klein sein. Sie probieren ein neues Verhalten aus. Sie antworten auf ein Stelleninserat, das Sie interessiert. Sie kaufen ein Buch, das Sie ermutigt. Sie holen Informationen ein. Sie räumen Ihren Schreibtisch auf. Gehen Sie diesen ersten kleinen Schritt achtsam und bewusst. Tun Sie ihn nicht als »nichts« ab. Würdigen Sie ihn. Ohne den ersten Schritt keine Veränderung.

Abschied nehmen

Sie können nicht an ein neues Ufer gelangen, ohne das alte zu verlassen. In Veränderungsprozessen kommen wir nicht darum herum, Vertrautes, Gewohntes loszulassen: Situationen, Menschen, aber auch Perspektiven, Erwartungen. Wir haben uns allenfalls zu trennen von Selbstverständnissen, Anschauungen, Haltungen, Gewohnheiten und Verhaltensweisen, aber auch von Rollen, Status, Materiellem. Im Extremfall haben wir sogar unser Leben oder das Leben eines anderen Menschen loszulassen. Festhalten blockiert. Sich zu lösen, loszulassen, Abschied zu nehmen ermöglicht, vorwärtszugehen.

Abschied nehmen ist in erster Linie ein innerer Prozess, begleitet von der Bereitschaft, gehen zu lassen, was nicht mehr ist, nicht mehr passt oder nicht mehr möglich ist. Es geht weniger darum, von etwas *weg* zu gehen, als darum, frei zu sein, auf etwas *hin* zu gehen. Abschied nehmen ist Loslassen dessen, was losgelassen werden muss, um vorwärtsgehen zu können.

Abschied muss nicht künstlich herbeigeführt, sondern sollte zugelassen werden. Wie eine Schlange, die sich häutet: Das Tier ist konzentriert auf die Vorwärtsbewegung und lässt dabei die alte Hülle hinter sich. Machen Sie es wie die Schlange: Konzentrieren Sie sich auf Ihre Vorwärtsbewegung. Lassen Sie gehen, was nicht mehr ist oder nicht mehr sein kann.

Seien Sie sich bewusst, dass Abschied nicht nur zum Thema wird, weil Sie sich entscheiden, vorwärtszugehen, und dadurch Situationen, Beziehungen oder auch bisherige Lebensweisen hinter sich lassen. Vergegenwärtigen Sie sich, dass sich Abschied auch nicht nur aufdrängt, weil Umstände dies erfordern oder gar erzwingen. Abschied kann auch ausgelöst und notwendig werden im Prozess selbst, durch die Schritte, die Sie machen. Dies ist nicht vorauszusehen und kommt oft überraschend. Sie sind beispielsweise glücklich mit Ihrem neuen Lebenspartner und hören eine Freundin mit neidischem Unterton sagen:»So schön sollte man es haben!«; möglicherweise führt dies zu einer Distanzierung. Oder Sie beginnen begeistert mit der Verwirklichung Ihres beruflichen Traumes und werden mit abschätzigen Reaktionen konfrontiert; vielleicht müssen Sie solche Beziehungen hinter sich lassen, um Ihr Vorwärtsgehen nicht zu gefährden. Oder Sie legen ein unterwürfiges Verhaltensmuster ab, treten selbstbewusster auf und stellen fest, dass nicht alle positiv darauf reagieren; Sie erkennen, dass Sie sich lösen müssen, wollen Sie weitergehen. Seien Sie sich bewusst, dass Sie in Ihrem Umfeld Bewegung und Reaktionen auslösen, wenn Sie Veränderung angehen. Positive, unterstützende. Aber auch hilflose. Oder ablehnende. Es kann sein, dass Menschen Ihre Schritte nicht nachvollziehen können, dass sie sich Ihrer Veränderung in den Weg stellen. Vielleicht haben sie Angst vor dem Neuen, das auch auf sie zukommt. Möglicherweise reagieren sie abwehrend, weil sie mit eigenen Veränderungswünschen, -aufgaben oder -ängsten konfrontiert werden. Vielleicht befürchten sie Verlust. Oder sie sind neidisch. Hier kann sich Abschied aufdrängen, der schmerzt, schwer fällt und doch notwendig ist. Sie können solche Erfahrungen nicht verhindern. Sie können nicht voraussehen oder gar bestimmen, wie andere reagieren. Gewähren Sie Ihrem Umfeld dieselbe Freiheit im Umgang mit Veränderung, die Sie sich selbst nehmen. Bleiben Sie sich und Ihrem Weg treu. Freuen Sie sich an allem Unterstützenden. Lassen Sie gehen, was Sie behindert – auch wenn es die beste Freundin oder ein Familienmitglied ist. Gehen Sie nicht falsche Kompromisse ein. Erliegen Sie nicht der Angst vor Abschied. Bleiben Sie ausgerichtet auf Ihren Horizont sowie auf das, was Sie unterstützt, motiviert, was hilfreich ist. Dinge werden sich klären. Sie werden wissen, was Sie zu tun haben. Das, was zu Ihrem Horizont passt, wird bleiben.

Finden Sie Formen des Abschieds, die Ihnen und der Situation entsprechen. Entscheiden Sie, wo Sie Abschied sichtbar vollziehen wollen und wo es genügt, sich innerlich zu lösen.

Gehen Sie sorgfältig vor – sich selber und Ihrem Umfeld gegenüber. Seien Sie dankbar für das Gute, das war. Bringen Sie diese Dankbarkeit in Gedanken, Worten oder Taten zum Ausdruck. Verzeihen Sie sich und anderen Fehler, Irrtümer, Verletzungen. Verzichten Sie auf Schuldgefühle, Rechtfertigung, Beschuldigung, Belehrung. Tun Sie, was es braucht, damit Sie weitergehen können; eine Geste, ein Gespräch, ein Geschenk, einen Brief, einen Wunsch. Schließen Sie Frieden mit dem, was war, und mit dem, was ist. Erwarten Sie nichts. Erwarten Sie keine Zustimmung. Erwarten Sie nicht, dass andere Sie verstehen. Tun Sie sorgfältig, was Sie tun können. Nehmen Sie an, was kommt, akzeptieren Sie Entscheidungen anderer. Gehen Sie weiter. Ihr Horizont wird Ihnen Kraft geben.

Entwickeln Sie Rituale, die Sie beim Abschiednehmen unterstützen. Schreiben Sie etwa einen Satz auf, der Sie an Ihren Weg erinnert und den Sie sich jedes Mal vergegenwärtigen, wenn Sie einen Schritt des Abschieds zu gehen haben. Tragen Sie ein kleines Symbol bei sich, das Sie an Ihren Horizont erinnert, und nehmen Sie dieses zur Hand, wenn Sie eine Situation, eine Bemerkung einer Person oder eine Beziehung stehen lassen müssen. Orientieren Sie sich an Ihrem Horizont. Dies hilft Ihnen, Schritte des Abschieds zu definieren und zu gehen.

Den Übergang aushalten

Seien Sie sich bewusst: »*Man entdeckt keine neuen Länder, wenn man sich nicht bereit erklärt, für eine sehr lange Zeit das Ufer aus den Augen zu verlieren.*« (André Gide)

Veränderung ist mit Übergang verbunden. Wenn Sie ein Ufer verlassen, um ein anderes zu erreichen, sind Sie zwischendurch auf offener See. Wenn Sie einen Veränderungsprozess durchlaufen, lösen Sie sich aus einer alten, vertrauten Situation. Sie sind unterwegs, nicht mehr im Alten, noch nicht im Neuen.

Stellen Sie sich auf diese Zeit des Übergangs ein. Diese Phase des »nicht mehr und noch nicht« gehört zu jeder Veränderung – mit allem, was damit einhergehen mag: Ungewissheit und Spannung, Angst, Zweifel, Traurigkeit, Schmerz, aber auch Neugierde, Freude, Kraft, Befreiung und Wachstum.

Diesen Übergang auszuhalten erfordert eine gehörige Portion Entschlossenheit und Mut. Es kann Momente der Verunsicherung, auch der Ermüdung, Mutlosigkeit geben. Es kann Momente geben, in denen Sie am liebsten umkehren würden. Sie bekommen Angst vor Ihrem eigenen Mut. Sie fühlen sich vielleicht allein. Sie werden unruhig, weil Dinge sich nicht so oder nicht so schnell entwickeln, wie Sie sich das vorgestellt haben. Sie werden konfrontiert mit Reaktionen in Ihrem Umfeld: »Hast du immer noch keine neue Stelle?«, »Wollen Sie nicht einmal diese Therapie versuchen; bei mir hat das geholfen, ich bin sicher, dass Sie schneller wieder fit wären!« Solche Reaktionen können gut gemeint sein, Sie aber dennoch verunsichern und es Ihnen zusätzlich erschweren, diese Phase durchzustehen. Insbesondere, wenn Resultate länger auf sich warten lassen, können Sicht- und Denkweisen anderer alte Überzeugungen, Zweifel und Ängste aktivieren. Da sagt einer etwa zu Ihnen: »Ich denke nicht, dass das realistisch ist, was du da anstrebst.« Oder: »Also ich würde diese Stelle annehmen – du musst doch froh sein, wenn du etwas hast!«

Sie werden das Ufer erreichen – auf Ihre Weise, in Ihrem Tempo. Sie müssen weder sich noch anderen etwas beweisen, Sie müssen keinen Wettbewerb gewinnen, keine Garantien geben, weder Verständnis noch Anerkennung erlangen – alles, worum es geht, ist, dass Sie in Richtung Ihres Horizontes unterwegs sind. Der Rest ergibt sich, wenn die Zeit reif ist.

Bis Sie am neuen Ufer angelangt sind, gilt es, sich darin zu üben auszuhalten, dass Sie im Moment noch nicht wissen, wann und wo Sie »ankommen« werden. Klarheit über Ihren Horizont sowie bewusst getroffene Entscheidungen werden Ihnen in dieser Zeit des »nicht mehr und noch nicht« helfen: Sie wissen, *was* Sie tun. Sie wissen, *warum* Sie es tun. Sie wissen, warum Sie es *so* und nicht anders tun. Erkennen Sie, was und wer Sie unterstützt, diese Phase durchzuhalten. Was hilft Ihnen, bei Kräften zu bleiben? Was stärkt Ihre Entschlossenheit und Ihren Mut? Was können Sie sich jeden Tag neu sagen? Was können Sie tun? Welche Freundin, die auch schon einmal einen solchen Weg gegangen ist, können Sie anrufen? Von welchem Bekannten, der selbst Kurs nimmt auf einen motivierenden Horizont, können Sie sich ermutigen lassen? Und rufen Sie sich immer wieder in Erinnerung, dass Übergang, Unsicherheit zu jeder Veränderung gehören. Übergang ist Vorbote von etwas Neuem.

Hindernisse bewältigen

Wie bei einer Bergwanderung kann es in einem Veränderungsprozess Steilpassagen, Durststrecken und unerwartet schlechtes Wetter geben.

Hindernisse können ein unerwarteter Verlauf der Dinge, Misserfolge und Rückfälle sein:

- *Dinge entwickeln sich anders als erwartet und erwünscht:* Die Behandlungstherapie für eine Krankheit greift nicht. Die neue, hoffnungsvoll begonnene Beziehung erweist sich doch nicht als zukunftsfähig. Sie erhalten die Stelle nicht, die Sie sich so gewünscht haben. Sie können nicht im Voraus wissen und auch nicht bestimmen, wie Dinge sich entwickeln. Dinge können anders verlaufen als geplant – und dennoch auf Ihren Horizont hinführen, auch wenn Sie das im Moment vielleicht nicht zu erkennen vermögen. Erkunden Sie, welche Möglichkeiten Sie jetzt haben. Entscheiden Sie neu. Ein Weg führt nicht immer direkt, beim ersten Anlauf ans Ziel. Nicht selten erweist sich später, dass Hindernisse einen noch besseren Weg ermöglichen.
- *Misserfolge:* Sie können Misserfolge nicht verhindern. Misserfolge bedeuten nicht, dass Ihr Horizont »falsch« ist, sondern dass Sie etwas anders machen müssen, um dorthin zu gelangen. *Thomas Alva Edison, US-amerikanischer Erfinder und Unternehmer, hatte bei der Entwicklung der Glühlampe zahlreiche technische Schwierigkeiten und auch Misserfolge zu bewältigen. Er soll gesagt haben, Genialität bestehe zu 1 % aus Inspiration und zu 99 % aus Transpira-*

tion. Misserfolge laden ein, erneut genau hinzuschauen: Vielleicht haben Sie etwas übersehen. Wo Sie dieser Auseinandersetzung nicht ausweichen, werden Sie mit neuer Klarheit weitergehen. Vielleicht auf dem bisherigen Weg, vielleicht auf einem neuen.

- *Rückfälle:* Sie fallen nach Wochen, in denen es Ihnen gelungen ist, produktiv vorwärtszugehen, zurück in alte Muster. Rückfälle gehören dazu. Überprüfen Sie, ob Sie noch entschlossen sind, weiterzugehen. Orientieren Sie sich an der Zeit, in denen Sie das Neue geübt und positive Resultate erfahren haben. Und gehen Sie weiter. Lassen Sie sich nicht entmutigen durch Rückfälle. Wenn Sie einmal erfahren haben, wie es ist, entschlossen und mutig vorwärtszugehen, kann Ihnen diese Erfahrung nicht mehr genommen werden. Auch nicht durch einen Rückfall. Lassen Sie sich von einem Rückfall erneut daran erinnern, dass es sich lohnt, vorwärtszugehen.

Zu Hindernissen können auch Wahrnehmungsweisen und daraus folgendes Handeln werden:

- *Ungeduld:* Die Kleinarbeit auf Ihren Horizont hin wird Ihnen lästig. Sie wollen Resultate, Erfolge. Sie wollen Prozesse beschleunigen. Sie machen Druck, schließlich sind Sie in drei Monaten ohne Arbeit, dann müssen Sie eine neue Stelle haben. Sie wollen Dingen nachhelfen. Stopp! Eine Bewerbungsprozedur beispielsweise dauert einfach ihre Zeit – hier Druck auszuüben, wird bei Ihrem Gegenüber wahrscheinlich Irritation auslösen und damit gerade nicht zu einer Stelle führen. Ungeduld wirkt kontraproduktiv und verzögert Prozesse. Erkennen Sie, was Sie ungeduldig werden lässt. Bringen Sie sich selbst, Ihrem Prozess und all den Schritten, die Sie gegangen sind und noch zu gehen haben, Wertschätzung entgegen – Sie werden schneller ans Ziel kommen, als wenn Sie ungeduldig Dinge erzwingen wollen.
- *Verunsicherung:* Sie fühlen sich unsicher auf diesem Weg, den Sie noch nie gegangen sind. Auch dies ist völlig normal. Sie

machen und erleben Dinge, die für Sie neu sind. Hören Sie sich an, was Ihre Verunsicherung zu sagen hat, überprüfen Sie dies kritisch und entscheiden Sie, ob das, was Sie da hören, förderlich ist. Meist ist es – obwohl verständlich – nicht förderlich. Nehmen Sie sich an der Hand wie eine Mutter ihr eingeschüchtertes Kind. Sie werden erfahren, dass Sie wieder in ruhigere Gewässer kommen und die Verunsicherung verschwindet. Sie werden froh sein, dass Sie ihr nicht Macht gegeben haben.

- *Angst:* Sie haben vielleicht Angst vor Ihrem eigenen Mut oder Angst vor dem, was kommen mag, möglicherweise Angst vor Gefahren und Risiken, Angst vor dem Alleinsein oder Angst, nicht anzukommen, zu scheitern. Nehmen Sie Angst wahr, hören Sie ihre Botschaft ... und überprüfen Sie sie. Wenn Sie unterwegs Angst bekommen, dann bedeutet das meistens nicht, dass Ihr Weg falsch ist. Entschlossen und mutig vorwärtszugehen bedeutet nicht, keine Angst zu haben. Entschlossen und mutig vorwärtszugehen bedeutet, Angst zu überwinden.

- *Zweifel:* War das wirklich ein guter Entscheid? Hätte ich nicht vielleicht etwas anderes tun sollen? Wäre es nicht besser gewesen, auf diese Person zu hören und den vermeintlich sicheren Pfad einzuschlagen statt diesen Bergweg, auf dem ich nun ins Schwitzen gerate? Insbesondere wenn sich Hindernisse in den Weg stellen, Unerwartetes eintritt, sind wir anfällig für Zweifel. Soll ich wieder zurück? Werde ich es schaffen? Habe ich mich überschätzt? Wenn Sie dann noch jemandem begegnen, der eine kritische Bemerkung macht, oder wenn Sie einen Artikel lesen, der Sie mit Gefahren oder düsteren Zukunftsprognosen konfrontiert, wuchern Zweifel geradezu. Behalten Sie klaren Kopf. Fühlen Sie Ihren Zweifeln auf den Zahn: Wohin führen sie? Was würde geschehen, wenn Sie Ihren Zweifeln folgen? Wäre das hilfreich? Meistens genügen einige solcher Fragen, um zu erkennen: Zweifel lähmen und führen nicht weiter. Sie können sich Zweifel nicht leisten. Wenden Sie sich davon ab.

- *Verzweiflung:* Zweifel kann in Verzweiflung umschlagen, angeschlagene Hoffnung in Hoffnungslosigkeit. Sie denken, Sie schaffen das nicht. Sie glauben, die Aufgabe sei zu schwer. Sie wissen nicht weiter. Sie sehen keine Alternative, keine Lösung, keinen Ausweg. Menschen, die viele Absagen auf Stellenbewerbungen erhalten, kennen diese Gefühle. Achtung! Verzweiflung beeinträchtigt Ihre Wahrnehmung und Ihr Handeln. Und kann dann wirklich zum Problem werden. Sie sind nicht mehr in der Lage, genau hinzuschauen und konstruktiv zu handeln. Ziehen Sie die Notbremse. Zögern Sie nicht, allenfalls Hilfe in Anspruch zu nehmen. Am Ende eines Tunnels gibt es eine Öffnung. Und Licht. Es kann Momente geben, in denen man daran erinnert werden muss. Möglicherweise braucht man Hilfe, um den Ausgang zu erreichen. Das ist keine Schande und viel besser, als im Dunkeln zu kreisen.

Ungeduld, Verunsicherung, Angst, Zweifel und Verzweiflung untergraben das Vertrauen »anzukommen«. Vertrauen ist essenziell in Veränderungsprozessen. Daher habe ich diesem Thema ein eigenes Kapitel gewidmet: Kapitel 3 gibt Ihnen Gelegenheit, sich damit zu beschäftigen. Dies wird Sie unterstützen, schwierigen Momenten – die es immer geben kann und wahrscheinlich auch geben wird – bewusst und konstruktiv zu begegnen.

Seien Sie aufmerksam. Hindernisse wollen Ihnen etwas sagen. Werden Sie sich klar was. Schauen Sie genau hin, so wie es Ihnen aus diesem Buch inzwischen bekannt ist. Was sagt das Hindernis über Ihren Weg aus? Sind Sie noch auf Kurs? Sind Sie in einer Sackgasse gelandet und sagt Ihnen das Hindernis, dass Sie umkehren und einen anderen Weg einschlagen müssen? Oder ist dieses Hindernis lediglich eine Art dicker Baumstamm, der über Ihrem Weg liegt, sodass Sie kurzfristig klettern müssen? Geht es darum dranzubleiben? Wenn Sie genau hinschauen, wird Ihnen klar werden, was zutrifft.

Vergegenwärtigen Sie sich, dass Hindernisse, Phasen der Anstrengung und Verunsicherung dazugehören. Je natürlicher und offener Sie ihnen begegnen, desto eher sind Sie in der Lage, sie zu bewältigen, an ihnen zu wachsen, in ihnen die Gewissheit über Ihren Weg zu stärken. Sie werden – wenn vielleicht auch mit zittrigen Beinen, schwitzend und schnaufend – den Mut in sich stärken, vorwärtszugehen.

Dranbleiben

Manche Menschen stürzen voller Begeisterung los – um frustriert, enttäuscht, erschöpft den Bettel hinzuwerfen, wenn Dinge sich nicht so entwickeln, wie sie sich das vorstellen.

Menschen in Veränderungsprozessen geben oft zu schnell auf. Sie üben sich zu wenig darin dranzubleiben. Sie lassen das Ruder wieder los, wenden sich enttäuscht ab, lassen ihre Träume und sich selbst im Stich. Wie ein Bumerang können dann überwunden geglaubte Sicht- und Denkweisen zurückschlagen: »Es geht also doch nicht.«, »Ich hab's ja gewusst, ich bin nicht gefragt.«, »Ich habe einfach immer Pech.« Das ist ein gefährlicher Mechanismus, in dem sich Unzufriedenheit, Verschlossenheit, Hoffnungslosigkeit und Resignation breitmachen können. Dafür verantwortlich sind aber nicht Schicksal, Ungerechtigkeit, Unfähigkeit oder Versagen, sondern mangelnde Entschlossenheit, Disziplin und Ausdauer.

»Willst du irgendwo ein Meister werden, wirst du zu einem bestimmten Moment an einer Decke anstoßen. Die meisten Menschen geben hier auf, aber die Meister gehen weiter und erreichen schließlich das folgende Niveau.« (Talane Miedaner) Vergegenwärtigen Sie sich diesen Satz in Situationen, in denen Sie am liebsten aufgeben würden.

Bleiben Sie dran. Überprüfen Sie Ihren Kurs, Ihre Entscheidungen, bisherige Resultate. Wenn Sie zum Schluss kommen, dass Sie noch immer auf diesem Kurs bleiben können und bleiben wollen – halten Sie dann um Himmels willen durch! Machen Sie weiter. Ohne Wenn und Aber.

Fortschritt sehen

Das beste Rezept gegen Rückschläge und Entmutigung: Nehmen Sie Fortschritt und Erfolge wahr. Freuen Sie sich an den Fortschritten, die Sie erzielt haben, und seien diese noch so unscheinbar. Sehen Sie die Strecke, die Sie schon zurückgelegt haben. Nehmen Sie positive Veränderungen wahr. Auch ganz kleine Erfolgserlebnisse nicht vergessen! Freuen Sie sich darüber. Freuen Sie sich am Neuen, das langsam sichtbar, spürbar wird. Belohnen Sie sich. Feiern Sie, was Sie bisher erreicht haben.

Sie erinnern sich: Worauf Sie Ihre Aufmerksamkeit lenken, bestimmt Ihr Handeln und kann sich entwickeln. Indem Sie bewusst darauf achten, was Ihnen bisher alles gelungen ist, was sich verbessert hat, was Sie ermutigt und mit Hoffnung erfüllt, geben Sie diesen Aspekten Raum. Schauen Sie auch hier genau hin. Sie erhalten Ideen, wie Sie in diese Richtung weitergehen, Fortschritt ausbauen können.

Ankommen

Vergessen Sie nicht anzukommen.

Ein Veränderungsprozess umfasst nicht nur Aufbruch und Unterwegssein, sondern auch das Ankommen. Es geht nicht um Veränderung der Veränderung willen, sondern darum, in neuen Situationen Fuß zu fassen.

Im Neuen anzukommen erfordert genauso kleine und achtsame Schritte wie das Verlassen des Alten. Erkennen Sie, *dass* Sie ankommen. Sie kommen ja immer wieder an auf Ihrem Weg. Bei einer Wanderung erreichen Sie Zwischenziele, machen Rast, genießen das Erreichte und die Aussicht. Doch einmal kommen Sie am Ziel an. Sie legen Ihren Rucksack ab, nehmen eine Dusche, ziehen saubere Kleider an und genießen, dass Sie angekommen sind. In Veränderungsprozessen ist das nicht anders: Irgendwann kommen Sie in einer neuen Situation an: Sie beginnen an einer neuen Arbeitsstelle. Sie haben die Vorbereitungen abgeschlossen, um ein eigenes Geschäft zu eröffnen. Sie haben den Umzug hinter sich und die neue Wohnung eingerichtet. Sie wissen, dass Sie in Ihrer neuen Lebenssituation angekommen sind und damit beginnen können, diese Situation zu gestalten.

Gehen Sie nicht sofort zur Tagesordnung über. Das Neue ist nicht mehr das Alte. Widerstehen Sie Neigungen, alles wieder so zu sehen und zu machen wie vor der Veränderung. Erkennen Sie alte Gewohnheiten, die nicht mehr angebracht sind. Nehmen Sie die Erfahrungen des Übergangs mit ins Neue. Bewahren Sie die Achtsamkeit und Offenheit, die Sie entwickelt haben. Bleiben Sie wach und neugierig.

In Abbildung 9 sind die neun wichtigen Elemente des Weges durch eine Veränderung und die damit verbundenen Aufgaben zusammengefasst.

Mögliche Wege erkunden, entscheiden, losziehen und dranbleiben

Wichtige Elemente beim Vorwärtsgehen:

– Mögliche Wege erkunden – Mögliches sehen wollen;

– Sich für einen Weg entscheiden – der *jetzt* richtig ist;

– Losziehen – mit kleinen Schritten anfangen;

– Abschied nehmen – loslassen, was zurückhält;

– Den Übergang aushalten – Mut für das Offene;

– Hindernisse bewältigen – erkennen und überwinden;

– Dranbleiben – dem eigenen Horizont treu bleiben;

– Fortschritt sehen – sich am Erreichten freuen;

– Ankommen – Erfahrungen des Übergangs mitnehmen.

Wo bin ich auf meinem Weg durch die Veränderung?

Abbildung 9

2.4 Schlüsselfrage: Gehe ich in Richtung eines motivierenden Horizontes?

> »Zu sein oder nicht zu sein:
> Das ist die Frage.«
> William Shakespeare

Einen motivierenden Horizont entwickeln, Kurs darauf nehmen, losziehen – das klingt einfach. In der Umsetzung erfahren Sie wahrscheinlich, dass das Einfache nicht simpel ist. Sie werden wissen wollen: Wie überprüfe ich, ob ich gut unterwegs bin?

Wie in Kapitel 1 hilft auch hier eine einfache Frage, auf den Punkt zu kommen: Gehe ich in Richtung eines motivierenden Horizontes?

Dass Sie auf Kurs in Richtung eines solchen Horizontes sind, erkennen Sie an folgenden Merkmalen:

- *Sie sind motiviert und entschlossen unterwegs.* Sie sind in Kontakt mit Ihrer Begeisterung. Sie spüren, dass es sich lohnt, all die Schritte zu machen. Ihr Horizont schenkt Ihnen Energie und Ausdauer. Auch wenn es anstrengende Passagen gibt, macht es für Sie Sinn dranzubleiben.
- *Sie bringen Ihre Talente zum Ausdruck.* Sie entdecken Fähigkeiten und Fertigkeiten, die Ihnen vielleicht nicht so bewusst waren, und können stets schneller darauf zurückgreifen. Sie haben immer mehr Zugang zu Ihrer Kreativität. Sie entwickeln auf natürliche Weise gute Ideen.
- *Sie übernehmen gerne die Verantwortung für Ihren Weg.* Es ist für Sie selbstverständlich, dass Sie das Ruder in die Hand nehmen. Es gelingt Ihnen stets besser, unabhängig zu entscheiden und zu handeln. Sie stehen zu dem, was Sie tun.
- *Es kommt zu Verbesserungen und erfreulichen Resultaten.* Aus der Orientierung an Ihrem Horizont ergeben sich kluge Entscheidungen. Sie finden immer wieder kreative Lösungen. Sie kommen voran. Die Situation und Ihre Befindlichkeit verändern sich positiv. Auch Ihr Umfeld nimmt dies wahr.

- *Sie bringen stets mehr zum Ausdruck, wer Sie im Kern Ihres Wesens sind.* Sie sind vermehrt in Ihrem Element, wie ein Fisch im Wasser. Sie brauchen weniger Energie, müssen sich weniger zu Dingen zwingen. Sie sind in Kontakt mit sich selbst.

Wenn Sie auf Kurs zu Ihrem motivierenden Horizont sind – weitergehen

Wenn Sie in ein paar Worten Ihren Horizont umschreiben können, wenn Sie entschlossen darauf ausgerichtet sind und vorwärtskommen – einfach weiter so! Wenn Sie in Richtung eines motivierenden Horizontes unterwegs sind, sind Sie gut unterwegs. Warum? Weil Sie in eine Richtung unterwegs sind, die Ihnen entspricht, die Ihnen erlaubt zu sein, wer Sie sind. Sie können auf keine Weise besser vorwärtskommen. Auf keine Weise werden Sie mehr Motivation und Energie mobilisieren. Die Schlüsselfrage dieses Kapitels kann auch so formuliert werden: Bin ich unterwegs in eine Richtung, die mir erlaubt zu sein, wer ich bin? »*Zu sein oder nicht zu sein: Das ist die Frage.*« Gehen Sie weiter in Richtung Ihres Horizontes. Machen Sie die Kleinarbeit, auch die, die mühsam ist. Erinnern Sie sich: 1 % Inspiration und 99 % Transpiration. Genießen Sie Fortschritte. Gönnen Sie sich Pausen. Stärken Sie in sich das Vertrauen »anzukommen«. Auch wenn Sie das Ufer noch nicht sehen.

Wenn Sie *nicht* auf Kurs zu Ihrem motivierenden Horizont sind – innehalten

Wenn Sie aber feststellen, nicht in Richtung eines motivierenden Horizontes unterwegs zu sein, sollten Sie erkunden, was Sie davon abhält, dabei verunsichert oder entmutigt. Entwickeln Sie Ideen, wie Sie dies ändern können.

Folgende Merkmale weisen darauf hin, dass Sie nicht auf Kurs in Richtung eines motivierenden Horizontes sind:

- *Sie können Ihren motivierenden Horizont nicht umschreiben.* Möglicherweise haben Sie sich keine Zeit genommen, um einen solchen Horizont zu entwickeln. Vielleicht lassen Sie sich von Ablenkungsmanövern oder Alibis davon abhalten.
- *Ihr Horizont entspricht Ihnen nicht wirklich.* Vielleicht sind Sie auf einen Horizont ausgerichtet, von dem Sie sich Erfolg versprechen oder den Sie bei anderen bewundern, der aber Ihren Talenten nicht entspricht.
- *Sie nehmen nicht oder nur halbherzig Kurs auf Ihren Horizont.* Sie träumen etwa, wie schön alles sein könnte, unternehmen aber nicht die nötigen Schritte, um dies zu verwirklichen. Oder Sie gehen nur zögerlich vorwärts, zweifeln an Ihrem Horizont; vielleicht wäre ein anderer Horizont besser? Möglicherweise bringen Sie Entschlossenheit und Mut nicht auf, mit aller Konsequenz vorwärtszugehen; Sie wollen sich alles offenhalten, oder Sie halten an Vertrautem fest, wollen sich absichern.
- *Sie lassen sich durch Hindernisse oder Misserfolge von Ihrem Kurs abbringen.*

Mit folgenden Maßnahmen können Sie dies ändern:

- *Vergegenwärtigen Sie sich, warum ein motivierender Horizont wichtig ist.* Lesen Sie allenfalls noch einmal Kapitel 2.1. Klären Sie, ob Sie dies auch wirklich verstehen.
- *Nehmen Sie sich Zeit, einen motivierenden Horizont zu entwickeln.* Erkennen Sie Ablenkungsmanöver und Alibis, wie sie in Kapitel 2.2 beschrieben wurden. Entscheiden Sie, diese hinter sich zu lassen.
- *Überprüfen Sie Ihren Horizont.* Passt er wirklich zu Ihnen? Woran ist das erkennbar? Gibt Ihnen dieser Horizont Energie? Lohnt es sich, entschlossen darauf zuzugehen? Wollen Sie auf diesen Horizont auch dann Kurs nehmen, wenn es unterwegs anstrengend wird?
- *Gehen Sie vorwärts und bleiben Sie dran.* Gehen Sie nicht in die Falle aufzugeben, wenn es anstrengend wird. Erinnern Sie

sich daran, dass solche Passagen, Abschied, Hindernisse und Misserfolge dazugehören. Vielleicht lesen Sie noch einmal Kapitel 2.3.

2.5 Anregungen

> »*Walk your talk.*«
> Anonym

»*Walk your talk*« – setze um, wovon du sprichst. Nicht nur Wege sehen und davon sprechen, sondern auch einen Weg einschlagen und gehen. Dazu werden Sie im Folgenden ermutigt.

Wenn Ihnen die Schlüsselfrage den Impuls gegeben hat, den Inhalt des zweiten Kapitels vertiefter in Ihre Situation zu übertragen, dann ermuntere ich Sie, dies zu tun. Das heißt in diesem Kapitel im Kern: Wie kann ich mich darin üben, entschlossen und mutig in Richtung eines motivierenden Horizontes vorwärtszugehen?

Wie aus Kapitel 2.1 bis 2.4 deutlich wird, spielen fünf Elemente eine wichtige Rolle:

- *Einen motivierenden Horizont entwickeln:* Sie bringen den Mut auf, »vom Ende her zu denken« und einen Horizont zu entwickeln, der in Ihnen Kraft freisetzt, vorwärtszugehen.
- *Kurs nehmen auf diesen Horizont:* Sie übernehmen das Ruder in Ihrem Leben und orientieren sich an Ihrem Horizont.
- *Möglichkeiten sehen, entscheiden, losziehen und dranbleiben:* Sie erkunden Wege, die in Richtung Ihres Horizontes führen, entscheiden sich und setzen Ihre Entscheidung Schritt für Schritt um.
- *Motivierendes und Hilfreiches sehen:* Sie entdecken und bauen konsequent aus, was in Ihrem Entscheiden und Handeln motivierend und hilfreich ist.
- *Demotivierendes und nicht Hilfreiches sehen:* Sie schauen genau hin, wo Sie festlaufen.

Im Folgenden erhalten Sie Impulse, diese fünf Elemente in Ihre Situation zu übertragen. Sie werden dadurch nicht nur irgendwie, sondern in eine Richtung vorwärtsgehen, die Raum gibt für Wachstum.

Gewichten Sie auch in diesem Kapitel so, wie Sie es für richtig halten. Erinnern Sie sich an die drei praktischen Tipps aus Kapitel 1.5 und passen Sie diese der Thematik dieses Kapitels an. Und auch hier gilt: Die Arbeit mit diesen Elementen darf und soll motivierend sein!

Einen motivierenden Horizont entwickeln — **Element 1**

⇨ *Was ist mein motivierender Horizont?*

Indem Sie einen motivierenden Horizont entwickeln, richten Sie Ihren Blick über die aktuelle Situation hinaus. Damit schaffen Sie die Grundlage, im aktuellen Veränderungsprozess Orientierung zu finden, Prioritäten zu setzen und motiviert vorwärtszugehen.

Möglichkeiten, wie Sie Ihre Antwort finden können:

- Wie sieht ein Leben aus, in dem Sie in Ihrem Element sind und Ihre Talente, Stärken und Interessen zum Ausdruck kommen? Stellen Sie sich vor, Sie können zaubern, und dieses Leben ist bereits Realität: In welcher Umgebung sind Sie? Welche Menschen gibt es hier? Wie sieht Ihr Tagesablauf aus? Was tun Sie? Wie fühlen Sie sich? Was ist das Schönste in dieser Lebenssituation?
- Welches waren die lebendigsten, glücklichsten oder erfolgreichsten Momente in Ihrem Leben? Was war dann? Was lassen diese Momente über Ihr Wesen, Ihre Talente, Stärken und Interessen sowie über einen möglichen motivierenden Horizont erkennen?
- Welche Vorstellung einer Lebenssituation macht es sinnvoll, jetzt vorwärtszugehen?

Berücksichtigen Sie Folgendes:

- Beziehen Sie sich auf einen für Sie angemessenen Zeitrahmen. Sie erinnern sich an Kapitel 2.1: Vielleicht ist es im Moment ein zu großer Schritt, einen motivierenden Horizont in Bezug auf Ihr Leben als Ganzes zu entwickeln. Entscheiden Sie, welcher Zeitrahmen für Sie gut überschaubar ist.
- Ihr motivierender Horizont braucht nicht direkt auf die aktuelle Veränderung bezogen zu sein. Der Horizont von Paul Potts war auf die Freude am Singen bezogen, nicht auf Herausforderungen, die Paul möglicherweise anzugehen hatte. Dieser Horizont wirkte aber auf die aktuelle Lebenssituation zurück und beeinflusste diese letztlich enorm. Also: Nehmen Sie *alles* wahr, was für Sie einen motivierenden Horizont ausmacht.
- Geben Sie Ablenkungsmanövern und Alibis keine Chance. Lesen Sie allenfalls nochmals den entsprechenden Abschnitt in Kapitel 2.2. Sagen Sie nicht: »Das ist nicht möglich!«, oder: »Das ist ein Wunschtraum!« Lassen Sie dieses innere Bild, wie Sie sein und leben wollen, lebendig werden. Vieles, was Menschen erreicht und erschaffen haben, hat seinen Ursprung in einer Idee, einer Vision, einem motivierenden Horizont.

Anregungen fürs Weitergehen:

- Lassen Sie Ihr inneres Bild lebendig und stark werden. Vergegenwärtigen Sie es sich immer wieder, etwa in Ihrer täglichen Zeit mit sich selbst. Begeben Sie sich mental in dieses Bild hinein, sehen Sie, wie Ihr Horizont zu Ihrer Lebenssituation geworden ist, wie Sie in dieser Situation leben. Indem Sie Ihr inneres Bild immer wieder aktivieren, klären und stärken Sie Ihren Horizont. Damit wird er immer mehr zu einem Bezugspunkt, an dem Sie sich orientieren können und der Ihnen hilft, Prioritäten zu bestimmen.
- Erkunden Sie Bezüge zwischen Ihrem Horizont und Ihrer aktuellen Situation. Möglicherweise stellen Sie überrascht fest, dass es bereits jetzt Momente gibt, in denen Sie so leben, wie Sie das in Ihrem inneren Bild sehen. Das wird Sie ermutigen; Sie erken-

nen, dass Ihr Horizont näher liegt, als Sie gedacht haben mögen. Und Sie können ausbauen, was schon vorhanden ist.
- Orientieren Sie sich am »roten Faden«. Während Sie Ihren Horizont entwickeln, werden Ihnen einige Aspekte besonders wichtig werden, beispielsweise: »Ich teile meine Zeit frei ein und arbeite selbstbestimmt.« Oder: »Ich bin da für andere Menschen.« Oder: »Ich bewege mich viel.« Lassen Sie diese Aspekte zu »Leuchttürmen« werden: Beziehen Sie sich beim Entscheiden und Handeln darauf. Ihr Vorwärtsgehen bekommt so ebenfalls einen »roten Faden«, der auf Ihren Horizont hinführt.

Kurs nehmen auf einen motivierenden Horizont | Element 2

⇨ *Nehme ich entschlossen Kurs auf meinen motivierenden Horizont?*

Wenn Sie sich dieser Frage stellen, klären und entscheiden Sie, ob Sie Verantwortung für Ihre Entwicklung übernehmen. Sie erkennen, wie ausgeprägt Ihre Entschlossenheit und Ihr Mut sind, in eine Richtung vorwärtszugehen, die Ihnen entspricht.

Möglichkeiten, wie Sie Ihre Antwort finden können:

- Stellen Sie sich eine Skala von 0–10 vor. 0 bedeutet: »Ich zögere, vorwärtszugehen.« 10 bedeutet: »Ich bin fest entschlossen auf Kurs in Richtung meines Horizontes.« Wo stufen Sie Ihre Entschlossenheit, Kurs zu nehmen auf Ihren Horizont, ein? Was müsste passieren, dass Sie Ihre Entschlossenheit auf der Skala einen Punkt höher einstufen?
- Wenn Sie eine Eintrittskarte erwerben müssten, um in Richtung Ihres Horizontes vorwärtsgehen zu dürfen, und Sie kämen nur mit glaubwürdigen Argumenten zu einer solchen Karte: Wie würden Sie den Menschen am Schalter überzeugen, dass er Ihnen einfach eine solche Karte geben *muss*?
- Woran ist erkennbar, dass Sie entschlossen Kurs nehmen auf Ihren Horizont?

Berücksichtigen Sie Folgendes:

- Scheuen Sie Konfrontation nicht. Stellen Sie – wenn nötig – fest, dass Sie bisher dem Übernehmen von Verantwortung ausgewichen sind. Diese Erkenntnis ist die Basis, von der aus Sie *anders* vorwärtsgehen können.
- Konzentrieren Sie sich auf das, was Sie sich wünschen. Sie fördern damit Ihre Entschlossenheit, vorwärtszugehen – es macht Sinn, sich zu engagieren.
- Sehen Sie, was vorhanden ist. Sehen Sie Ihre Talente, Stärken, Kenntnisse, Erfahrungen, Interessen usw. Sie werden entdecken, dass Sie Nützliches im Reisegepäck haben, auf das Sie zurückgreifen können. Dies wird Sie ermutigen, das Ruder in die Hand zu nehmen – Sie sind besser gerüstet, als Sie vielleicht dachten.

Anregungen fürs Weitergehen:

- Trainieren Sie Ihre Entschlossenheit und Ihren Mut, wenn Sie das Gefühl haben, dass Sie dies zusätzlich unterstützt. Treffen Sie beispielsweise jeden Tag bewusst ein bis zwei Entscheidungen, hinter denen Sie stehen und die Sie umsetzen. Beginnen Sie mit kleinen Entscheidungen, etwa wie Sie ein Wochenende verbringen wollen. Treffen Sie immer anspruchsvollere Entscheidungen, zunehmend auch in Bezug auf das Anpacken der aktuellen Veränderung. Oder geben Sie sich jeden Tag eine Aufgabe, die etwas mehr Mut erfordert, als Ihnen vertraut ist. Beginnen Sie auch hier mit kleinen Schritten, erledigen Sie etwa ein Telefonat, vor dem Sie sich bisher gescheut haben, ziehen Sie etwas an, was für Sie gewagt ist, ergreifen Sie das Wort in einer Sitzung. Setzen Sie auch hier die Latte immer ein bisschen höher. Sie werden feststellen, dass Ihre Entschlossenheit und Ihr Mut zunehmen und Sie dies unterstützt, das Ruder in die Hand zu nehmen.
- Üben Sie sich darin, Verantwortung zu übernehmen für sich selbst, wenn das für Sie ein Thema ist, wenn Sie nicht so geübt sind, oder sich bisher davor gescheut haben, aktiv zu bestimmen, in welche Richtung Sie vorwärtsgehen. Beginnen Sie auch hier mit kleinen, für Sie überschaubaren Schritten. Übernehmen Sie

Initiative, bringen Sie sich ein, machen Sie Vorschläge, finden Sie selbst Lösungen, wo Sie bisher vielleicht sofort Hilfe in Anspruch genommen haben. Machen Sie dies in immer mehr Bereichen, schließlich auch im Umgang mit der aktuellen Veränderung. Sie werden erfahren, dass Sie dies ermutigt, immer mehr die Verantwortung für Ihre Entwicklung zu übernehmen und aktiv Ihren Kurs zu bestimmen.
- Erkennen Sie Ablenkungsmanöver und Alibis. Gibt es Sicht- und Denkweisen, die Sie dabei beeinträchtigen, Kurs zu nehmen auf einen motivierenden Horizont? Wozu haben diese bisher geführt? Stellen Sie kritische Fragen: Wie komme ich auf die Idee, keine Wahl zu haben? Was ermöglicht mir diese Ansicht? Was verhindert sie? Was wäre, wenn ich die Wahl *hätte*? Was würde ich dann tun? Oder: Warum genau ist das nicht möglich? Warum kann ich das nicht? Finden Sie Argumente, die Sie solchen Sicht- und Denkweisen entgegenstellen. Üben Sie sich darin. Sie werden erfahren, dass Sie Ablenkungsmanöver und Alibis in die Schranken weisen können.

Möglichkeiten sehen, entscheiden, losziehen, dranbleiben — Element 3

⇨ *Welche Schritte mache ich in Richtung meines Horizontes?*

Ob Sie bereits unterwegs sind oder erst noch losziehen werden: Wenn Sie sich vergegenwärtigen, was Sie tun, schärfen Sie Ihr Bewusstsein für mögliche Wege und Entscheidungen sowie für bereits zurückgelegte bzw. noch anstehende Schritte.

Möglichkeiten, wie Sie Ihre Antwort finden können:

- Welche Wege, Ihre Situation anzupacken, sehen Sie? Machen Sie ein Brainstorming. Schreiben Sie alles auf, was Sie tun können, um diese Veränderung in Richtung Ihres Horizontes anzugehen. Notieren Sie alle Ideen, die Ihnen spontan einfallen. Oft erweist es sich als hilfreich, dies nicht allein zu machen; man kommt mit mehreren Personen zu viel mehr kreativen Ideen.

- Welcher der Wege interessiert Sie, entspricht Ihnen am meisten? Wo haben Sie am meisten Ideen und Energie?
- Welche Schritte haben Sie bereits gemacht? Welche Schritte stehen an? Welche Erfahrungen haben Sie bisher gesammelt? Wo befinden Sie sich im Moment?

Berücksichtigen Sie Folgendes:

- Lassen Sie beim Erkunden möglicher Wege Ihren Ideen freien Lauf: Seien Sie aufmerksam für alles, was Ihnen in den Sinn kommt. Auch »verrückte«, unübliche, überraschende Ideen haben Platz. »Geht nicht – gibt es nicht!«
- Wählen Sie eine passende Vorgehensweise. Machen Sie Schritte, hinter denen Sie stehen und die Sie gut gehen können. Wählen Sie ein Tempo, das Ihnen entspricht.
- Seien Sie sich bewusst, dass das Vorwärtsgehen nicht immer glatt verläuft. Das ist völlig normal und gehört dazu. Lesen Sie allenfalls nochmals Kapitel 2.3, wo beschrieben ist, worauf beim Unterwegssein zu achten ist.

Anregungen fürs Weitergehen:

- Halten Sie in Ihrem Notizbuch fest, für welchen Weg Sie sich entscheiden/entschieden haben. Das schafft Klarheit. Sie können sich immer wieder darauf beziehen.
- Sehen Sie mental, wie Sie Ihren Weg gehen und in einer positiven neuen Situation »ankommen«. Sehen Sie, wie Sie losziehen, Abschied nehmen, den Übergang aushalten, Hindernisse bewältigen, dranbleiben. Sehen Sie, wie Sie vorankommen. Sehen Sie, wie Sie »ankommen«. Aktivieren Sie dieses Bild regelmäßig. Damit legen Sie die Basis für entsprechendes Handeln.
- Finden Sie bei Bedarf Formen des Abschieds, die Sie für passend halten. Vielleicht wollen Sie ein kleines Ritual machen, etwa, dass Sie Symbole oder Gegenstände, die mit der alten Situation zu tun haben, bewusst entsorgen. Oder Sie lassen Papier, das mit der Lebensphase zu tun hat, die Sie hinter sich lassen, durch den Aktenvernichter. Vielleicht haben Sie Lust, ein Abschiedsfest zu

geben. Auf diese Weise vollziehen Sie Abschied und schaffen Raum für das Neue.
- Entwickeln Sie allenfalls Hilfsmittel für unterwegs. Vergegenwärtigen Sie sich regelmäßig Ihren Horizont; so mobilisieren Sie Ihre Energie und finden immer wieder Orientierung. Formulieren Sie kurze Sätze, sammeln Sie Zitate, die Sie ermutigen und an Ihren Horizont erinnern. Lesen Sie Biografien von Menschen, die Veränderungen gewagt und Zeiten der Unsicherheit durchgestanden haben. Hören Sie Musik, die Sie ermutigt. Pflegen Sie Kontakt mit Menschen, die Sie unterstützen, die an Sie glauben. Strukturieren Sie Ihren Tag. Bauen Sie täglich etwas ein, was Ihnen guttut und vertraut ist. Sie unterstützen damit Ihren Prozess.
- Entwickeln Sie Strategien für den Umgang mit Hindernissen. Was sagen Sie sich, wenn Sie einem Hindernis begegnen? Schreiben Sie dies auf und greifen Sie darauf zurück, wenn Sie es nötig haben. Vergegenwärtigen Sie sich, worauf Sie zurückgreifen können: Wie sind Sie bisher mit Hindernissen umgegangen? Was hat sich damals als hilfreich erwiesen? Welche Ihrer Stärken, welche Erfahrungen helfen Ihnen, wenn es unterwegs stürmisch werden sollte? Auf diese Weise rüsten Sie sich, bauen Mut auf und können Hindernissen gefasst und gelassener begegnen.

Motivierendes und Hilfreiches sehen | Element 4

⇨ *Was ist motivierend und hilfreich in meiner Art, vorwärtszugehen?*

Indem Sie bewusst darauf achten, was Sie beim Vorwärtsgehen motiviert und was Ihnen hilft, werden Sie stets mehr Informationen darüber erhalten, was Sie vorwärtskommen lässt.

Ging es in Kapitel 1.5 darum, Motivierendes und Hilfreiches in Bezug auf Ihre Wahrnehmung zu erkennen, geht es hier darum, Motivierendes und Hilfreiches in Bezug auf Ihr Entscheiden und Handeln zu sehen und zu nutzen. Auch in diesem Kapitel gilt: Wenn Sie bei den Elementen 1 bis 3 zügig vorangekommen und gut unterwegs sind, können Sie gleich zum Zwischenhalt in Kapitel 2.6 weitergehen. Wenn Sie sich aber verstärkt im entschlossenen und mutigen Vorwärtsgehen üben wollen, dann finden Sie hier Anregungen und Ermutigung.

Möglichkeiten, wie Sie Ihre Antwort finden können:

- Achten Sie ein paar Tage lang besonders auf Ihre Art, vorwärtszugehen. Erkunden Sie, inwiefern Ihr motivierender Horizont Sie unterstützt. Welche Aspekte erweisen sich als besonders wichtig? Finden Sie heraus, was Ihnen hilft, eigenständige Entscheidungen zu treffen und mutig umzusetzen. Erkennen Sie einen »roten Faden«?
- Lassen Sie am Abend den Tag wie einen Film ablaufen. Wann waren Sie heute besonders entschlossen? Wo haben Sie Schritte gewagt? Welche Entscheidungen, Schritte und Erfahrungen waren aufbauend? Was gibt Ihnen Anlass, auf Kurs zu bleiben?

Berücksichtigen Sie Folgendes:

- Beachten Sie auch scheinbar Unwichtiges. Kleine Dinge, die Sie beim Vorwärtsgehen unterstützen, können einen großen Unterschied machen. Auch wenn sie nicht direkt mit der aktuellen Veränderung zu tun haben.
- Erkennen und würdigen Sie Fortschritt und Verbesserung. Achten Sie auf alle Zeichen von Fortschritt und Verbesserung – und seien diese noch so klein und kurzfristig. Jeder kleine Fortschritt, jede erfahrene Verbesserung ermutigt und ist Grundlage für weitere Fortschritte und Verbesserungen.
- Bleiben Sie dran. Auch wenn Sie vielleicht noch nicht so geübt sind, entschlossen und mutig vorwärtszugehen – bleiben Sie dran. Geben Sie sich kleine, machbare Aufgaben und setzen Sie diese um. Sie *werden* vorwärtskommen und sich mit der Zeit an immer sichtbareren Verbesserungen erfreuen können.

Anregungen fürs Weitergehen:

- Entwickeln Sie Ideen, wie Sie dem, was sich beim Vorwärtsgehen als motivierend und hilfreich erweist, mehr Raum geben können.

Wenn Sie beispielsweise ermutigt waren nach einer Sitzung, in der Sie das Wort ergriffen und Vorschläge zur Verbesserung gemacht haben, statt, wie bisher, zu schweigen und sich zu ärgern: Wo können Sie sich als Nächstes aktiv einbringen? Wenn es Ihnen vor ein paar Tagen gelungen ist, sich nach einer entmutigenden Begegnung wieder aufzubauen, indem Sie sich Ihren Horizont vergegenwärtigt haben: Wie können Sie sich ein nächstes Mal schnell an diese Erfahrung erinnern? Indem Sie ausbauen, was motivierend und hilfreich ist, werden Sie erfahren, dass Sie immer mehr positive Erfahrungen machen, dass Selbstvertrauen, Entschlossenheit und Mut wachsen.

- Geben Sie bei Bedarf Motivierendem und Hilfreichem mit zusätzlichen Maßnahmen Raum. Rufen Sie sich etwa jeden Morgen Ihren motivierenden Horizont in Erinnerung und definieren Sie einen konkreten Schritt, den Sie heute in dessen Richtung tun werden. Berücksichtigen Sie in Ihrem Tagesablauf Dinge, die Sie aufbauen. Wenn Sie feststellen, dass sich bestimmte Tätigkeiten unterstützend auswirken – üben Sie diese Tätigkeiten häufiger aus. Wenn Sie beobachten, dass Sie Mut fassen, wenn Sie bestimmte Bücher lesen – lesen Sie mehr solche Bücher. Wenn Sie feststellen, dass ein bestimmtes Hobby es Ihnen leichter macht, die aktuellen Herausforderungen anzugehen – pflegen Sie es. Solche Maßnahmen werden Sie im Vorwärtsgehen zusätzlich unterstützen.

Demotivierendes und nicht Hilfreiches sehen — Element 5

⇨ *Was ist demotivierend und nicht hilfreich in meiner Art, vorwärtszugehen?*

Wenn Sie im Vorwärtsgehen darauf achten, was vielleicht demotivierend und nicht hilfreich ist, stellen Sie die Weichen, sich nicht weiter zu beeinträchtigen. Viele Menschen geben auf, wenn sie stolpern. Insbesondere wenn hinderliche Gewohnheiten im Spiel sind, bringen viele die Ausdauer nicht auf, diesen die Stirn zu bieten. Sie dürfen stolz auf sich sein, wenn Sie sich Demotivierendem und nicht Hilfreichem stellen. Wie schon in Kapitel 1.5 werden Sie auch hier erfahren, dass bereits dies dazu führt, dass nicht Förderliches an Macht verliert. Indem Sie genau hinschauen und wenn nötig anders entscheiden und handeln, setzen Sie sich in die Lage, Ihre Energie und Zeit gut zu nutzen. Sie werden wissen, ob es wichtig ist, diesen Schritt zu machen. Haben Sie dann den Mut dazu.

Möglichkeiten, wie Sie Ihre Antwort finden können:

- Achten Sie ein paar Tage lang besonders darauf, was Sie im Vorwärtsgehen beeinträchtigt. Beobachten Sie beispielsweise, was Sie davon abhält oder dabei behindert, entschlossen Kurs zu nehmen auf einen motivierenden Horizont. Nehmen Sie wahr, was es Ihnen erschwert, eigenständige Entscheidungen zu treffen und Schritte umzusetzen. Erkennen Sie einen »roten Faden«? Gibt es bestimmte Gewohnheiten im Entscheiden und Handeln, auf die Sie immer wieder zurückgreifen, mit denen Sie aber immer wieder festlaufen?
- Lassen Sie am Abend den Tag wie einen Film ablaufen. Welche Entscheidungen, Schritte und Erfahrungen waren heute allenfalls entmutigend? Was hat Ihre Entschlossenheit beeinträchtigt? Was hat Sie von Ihrem Kurs wegkommen lassen?

Berücksichtigen Sie Folgendes:

- Denken Sie an die drei Elemente des Vorwärtsgehens: motivierender Horizont, Kurs nehmen auf diesen Horizont, losziehen. Haben Sie sich möglicherweise keine Zeit genommen, einen motivierenden Horizont zu entwickeln? Oder vermeiden Sie Entscheidungen? Zögern Sie bei der Umsetzung, weil Sie Angst vor Risiken haben? Überfordern Sie sich mit zu großen Schritten? Je besser Sie verstehen, was Sie beeinträchtigt, desto eher können Sie dies ändern. Je genauer und ehrlicher Sie dabei Ihr Entscheiden und Handeln unter die Lupe nehmen, desto eher können Sie erkennen, wo Sie ansetzen müssen.
- Fokussieren Sie auf Ihr Entscheiden und Handeln, nicht auf Umstände. Nicht: »Es ist demotivierend, dass ich immer noch

keine Stelle gefunden habe.« Sondern: »Ich entwickle Gefühle der Mutlosigkeit, weil ich noch keine Stelle gefunden habe. Dies führt dazu, dass ich mich weniger motiviert und sorgfältig bewerbe.« So richten Sie die Aufmerksamkeit auf das, was Sie beeinflussen können: Sie können die Stelle nicht herbeizaubern, aber indem Sie Ihre Motivation pflegen und sich sorgfältig bewerben, tragen Sie das Ihnen Mögliche bei, um eine Stelle zu finden.

- Nehmen Sie nichts in Ihrem Entscheiden und Handeln für gegeben und unveränderlich. Erkennen Sie Gewohnheiten. Setzen Sie sie nicht absolut. Gewohnheiten sind keine unabänderlichen Tatsachen. Also nicht: »Ich bin halt so!« Sondern: »Ich weiche Entscheidungen aus. Ich will herausfinden, wie ich dies ändern kann.«
- Seien Sie auch hier liebevoll mit sich. Verurteilen Sie nicht. Schämen Sie sich nicht für Entscheidungen und Handlungen, die Sie nicht vorwärtskommen lassen – damit arbeiten Sie gegen sich selbst. Sie dürfen stolz sein, dass Sie den Mut aufbringen, dem auf die Spur zu kommen, was Sie im Vorwärtskommen behindert. Sie legen damit den Boden, *anders* vorwärtsgehen zu können.

Anregungen fürs Weitergehen:

- Entwickeln Sie Ideen, wie Sie dem, was sich beim Vorwärtsgehen als demotivierend und nicht hilfreich erweist, weniger Raum geben können. Wie können Sie *anders* entscheiden und handeln? Was können Sie etwa Überzeugungen entgegensetzen, die Ihnen vermitteln, dass es keinen Sinn macht, einen motivierenden Horizont zu entwickeln? Was wäre ein erster Schritt, einen solchen Horizont zu entwickeln? Oder: Was können Sie das nächste Mal tun, wenn Sie sich mit dem Gedanken »Ich kann das nicht!« vom Handeln abhalten lassen? Was wäre ein kleiner Schritt, sich die Erfahrung zu ermöglichen, dass Sie sehr wohl etwas können? Oder, falls Sie feststellen, dass Sie gedankliches Kreisen um Probleme vom Handeln abhält: Experimentieren Sie damit, mitten im Alltag während einer bestimmten begrenzten Zeit dieses Kreisen entschlossen zu ersetzen mit der Frage: »Wie kann ich diesem Problem begegnen?«, »Was kann ich jetzt tun?« Falls Sie erkennen, sich mit zu großen Schritten zu entmutigen: Was sind mögliche kleinere Schritte? Oder, wenn Sie feststellen, dass Sie ziellos Ihre Energie verpuffen: Haben Sie den Mut, sich Zeit zu nehmen, erneut Überblick zu schaffen und zu erkennen, welches Handeln jetzt weiterführt. Sie werden sehen, dass Sie so schneller und mit viel weniger Energie und Frustration vorwärtskommen. Oder, wenn Sie sich von Stimmen in Ihrem Umfeld verunsichern lassen: Wie können Sie sich gegen solche Stimmen imprägnieren? Was werden Sie das nächste Mal Ihrer Nachbarin sagen, wenn sie wieder fragt, ob Sie noch immer keine neue Stelle haben? Und so weiter. Probieren Sie es aus. Sie werden erfahren, dass Sie in der Lage sind, anders vorwärtszugehen. Motivation, Entschlossenheit und Mut, aber auch Selbstvertrauen werden wachsen.

- Üben Sie sich bei Bedarf mit zusätzlichen Maßnahmen darin, Demotivierendem und nicht Hilfreichem in Ihrem Entscheiden und Handeln Einfluss zu entziehen. Entwickeln Sie beispielsweise ein Ritual, das Ihnen hilft, Demotivierendes, nicht Hilfreiches bewusst stehen zu lassen. Halten Sie etwa jedes Mal in Ihrem Tun inne, wenn Sie feststellen, dass Sie gerade wieder auf eine alte Gewohnheit zurückgreifen, die Sie vom Kurs abbringt. Vergegenwärtigen Sie sich Ihren Horizont und fragen Sie sich: Wie kann ich jetzt anders handeln? Oder: Tragen Sie ein kleines Symbol für Ihren motivierenden Horizont bei sich. Nehmen Sie dieses Symbol zur Hand, wenn Sie gerade etwas tun, von dem Sie spüren, dass es Sie nicht weiterbringt. Oder auch: Erinnern Sie sich in solchen Situationen daran, dass Sie es auch schon geschafft haben, anders vorwärtszugehen. Wie können Sie das jetzt wieder tun?

2.6 Zwischenhalt

> »*Ich höre und ich vergesse.*
> *Ich sehe und ich erinnere.*
> *Ich tue und ich verstehe.*«
> Chinesisches Sprichwort

Wenn Sie Kapitel 2 auf sich wirken gelassen und Impulse aufgenommen haben, haben Sie wiederum sehr wichtige Schritte gemacht: Sie haben die Basis gelegt, produktiv zu handeln. Wenn Sie sich Zeit genommen haben, die Inhalte dieses Kapitels auf Ihre Situation zu übertragen, dann haben Sie sich dazu entschieden, entschlossen und mutig vorwärtszugehen. Vielleicht haben Sie bereits Erfahrungen gesammelt.

Die Belohnung für Ihre Arbeit: Sie kommen stets mehr in Kontakt mit Ihrer Kraft und Ihren Talenten. Sie erfahren, dass Sie Ihren Kurs bestimmen und beeinflussen können, wie Dinge sich entwickeln – auch wenn nicht alles in Ihrer Hand liegt. Sie erleben, dass es möglich ist, Ihrem Horizont näher zu kommen, und dass dies Ihre ganze Lebenssituation positiv beeinflusst.

Fallgeschichte

Ein ermutigendes Beispiel dazu ist Lea. Lea, Anfang vierzig, Mutter von fünf Kindern, hatte ihre Stelle aufgegeben, da eines der Kinder ernsthaft krank ist und sehr viel Aufmerksamkeit und Energie braucht. Eines Tages nahm Lea an einer Trauerfeier teil. Sie war empört, wie unsorgfältig und lieblos diese gestaltet wurde. Sie hatte eine Idee: ein kleines Bestattungsunternehmen aufzubauen. Sie absolvierte eine Ausbildung – neben den familiären Herausforderungen. Von zu Hause aus begann sie mit ihrem Unternehmen. Sie machte ihre Arbeit mit Freude, Sorgfalt und Liebe fürs Detail. Menschen wurden auf sie aufmerksam. Sie erhielt immer mehr Anfragen. Drei Jahre später hatte sie eine blühende Firma. Sie kam an den Punkt, Personal einzustellen. Der Erfolg hatte sie zugleich motiviert, die familiäre Situation so zu organisieren, dass sie dabei bei Kräften blieb.

Das Beispiel zeigt, dass ein motivierender Horizont auf unerwartete Weise entstehen und zu einer Wende führen kann. Lea war sehr absorbiert von der Erziehung der Kinder; sie brauchte sehr viel Energie dafür. Obwohl es auf den ersten Blick scheinen mag, dass dies nicht gerade eine geeignete Ausgangslage für den Aufbau einer eigenen Firma ist, war es genau dies, was Lea in Kontakt brachte mit Kräften in ihr, die zum Ausdruck kommen wollten und dazu führten, dass sie ihre gesamte Lebenssituation anders anging. Das Beispiel zeigt, wie ein motivierender Horizont auf überraschende Weise in neue Gefilde führen kann und zugleich aktiviert, was schon vorhanden ist. Lea hatte einfach den Gedanken: »Ich will das besser machen!« Später realisierte sie, dass sie dabei ihre Talente optimal nutzen und miteinander verbinden konnte. Dieses Beispiel zeigt: Sie brauchen nicht gegen Situationen zu kämpfen; seien Sie vielmehr offen für das, was Sie anspricht, was Wege aufzeigt, und bringen Sie den Mut auf, einem solchen Weg zu folgen. Dies ist sehr entscheidend. Hätte Lea gedacht: »Ich würde das ja gerne machen, aber wegen der Kinder geht das nicht!«, oder: »Ich werde nicht für dies auch noch Energie aufbringen!«, hätte sie sich um eine wichtige Erfahrung in ihrem Leben gebracht. Leas Beispiel zeigt, dass ein motivierender Horizont noch *anderes* in den Blick bringen und gerade dadurch auch zur Veränderung belastender oder unbefriedigender Situationen führen kann. Schließlich zeigt das Beispiel eindrücklich, wie viel Energie frei wird, wenn man den Mut aufbringt, einem motivierenden Horizont zu folgen.

Wenn Sie einen motivierenden Horizont entwickeln und Kurs darauf nehmen, werden Sie auf eine Art handeln, die Ihnen entspricht und die Sie vorwärtskommen lässt – näher zu sich selbst. Wohin das schlussendlich führt, ist vielleicht nicht einmal so wichtig, denn immer werden Sie in Situationen gelangen, die mit Ihrem Horizont zu tun haben.

Für Menschen, die mit eingreifenden, plötzlichen Veränderungen – etwa einem Todesfall oder einer schweren Krankheit – konfrontiert sind, kann ich nur sagen: Auch Sie können einen motivierenden Horizont entwickeln, selbst wenn sich dieser darauf bezieht, wie Sie die nächste Stunde durchhalten und etwas Kraft gewinnen können. Fangen Sie jetzt an, wo Sie gerade sind.

Nun fehlt noch eine dritte und letzte Dimension, eine Dimension, die Sie in die Lage setzt, aktiv zu sein und zugleich offen zu bleiben, entschlossen zu handeln, ohne Resultate abzwingen zu wollen: das Vertrauen »anzukommen«.

3 VERTRAUEN »anzukommen«: Mit dem Leben zusammenarbeiten

> »Hab keine Angst vor dem Leben.
> Glaube, dass das Leben lebenswert ist,
> und dein Glaube wird dir helfen,
> diese Wirklichkeit zu gestalten.«
> William James

Veränderung entschlossen und mutig anzugehen ist nicht zu verwechseln mit Machbarkeit. Sie können das Ihnen Mögliche tun – erzwingen können Sie Resultate nicht. Eine Pflanze wächst nicht schneller, wenn Sie daran zerren – im Gegenteil. Sie stören sie im Wachstum. Sie können den Samen setzen und für Bedingungen sorgen, die die Pflanze optimal wachsen lassen – das ist das, was Sie tun können. Sie dürfen vertrauen, dass die Pflanze wächst.

Dies gilt auch für den Umgang mit Veränderung: Sie kommen nicht schneller voran, wenn Sie Prozesse beschleunigen wollen. »Ankommen« – d.h. dorthin gelangen, worauf Sie Kurs nehmen – lässt sich nicht machen. Aber ermöglichen. Indem Sie bewusst wahrnehmen, tun, was Sie tun können, *und* zugleich offen bleiben. Indem Sie vertrauen, dass es Lösungen gibt, auch wenn sie noch nicht sichtbar sind oder sich zu einem anderen Zeitpunkt, an einem anderen Ort, in anderer Form einstellen als erwartet. Das ist das Wasser, das Sie der Pflanze geben können – wachsen wird sie selber.

Darin liegt die Herausforderung in Veränderungsprozessen: Zu verstehen und zu akzeptieren, dass das Leben nicht auf Ihren Befehl funktioniert, dass Sie aber sehr wohl Ihren Teil beitragen können, um in positive Situationen zu gelangen. Wenn Sie sich auf Ihren Teil konzentrieren, dürfen Sie vertrauen, dass Sie zu gegebener Zeit in Situationen gelangen, die zu Ihrem Horizont passen, die Ihnen entsprechen. Vertrauen bedeutet, es für möglich zu halten »anzukommen«, ja, ein inneres Wissen zu haben, dass Sie »ankommen« *werden* – auch wenn Sie noch nicht sehen, wann, wo und wie, auch wenn sich Dinge anders entwickeln als erwartet.

Fallgeschichte

Ich hatte eine junge Tamilin, Ruwanthi, in der Beratung. Ruwanthi war auf Stellensuche. Sie wollte im Rechnungswesen arbeiten. Sie hatte mit einer entsprechenden Weiterbildung angefangen. Sie war voller Begeisterung und Entschlossenheit. Doch sie fand nicht so schnell eine Stelle, wie sie sich dies gewünscht hatte und wie es aufgrund ihrer Haltung, ihres Engagements, aber auch ihrer realen Möglichkeiten auf dem Arbeitsmarkt durchaus zu erwarten gewesen wäre. Sie bekam viele Absagen. Doch Ruwanthi blieb dran. Wir überprüften, was sie noch anders und besser machen konnte. Sie setzte das ihr Mögliche um. Es war eine Durststrecke. Manch anderer hätte aufgegeben. Doch sie blieb – nach Überprüfung – ihrem Horizont treu. Sie sagte in einem Gespräch sogar fast fröhlich »Ich hoffe einfach – etwas wird kommen!« Und so war es. Später als erwartet und gewünscht fand sie eine Stelle. Nein, nicht eine Stelle, sondern eine wie für sie geschaffene Stelle. Ruwanthi hatte vertraut. Ihr Vertrauen hat ihr geholfen durchzuhalten. Und ermöglicht »anzukommen«.

Manchmal hat das Leben andere Wege und Lösungen für uns als die, die nahe zu liegen scheinen – oft bessere.
So habe ich es in meinem Leben selbst mehrmals erfahren.

Etwa in meiner Partnerschaft. Bevor ich meinem Mann begegnete, hatte ich Beziehungen, die mir auf die eine oder andere Art nicht guttaten. Meine Erfahrungen machten mir klar, woran ich mich orientieren wollte: Ich wünschte mir eine Beziehung, in der sich die Partner inspirieren und im Wachstum unterstützen. Ich ging vorwärts, kümmerte mich um meine Entwicklung und genoss das Leben – auch ohne Partner, aber offen für den Partner, mit dem ich mein Leben teilen wollte. Und dieser Partner begegnete mir beim Frühstück auf der Terrasse meiner Freundin in Holland, die ihn um einen Gefallen gebeten hatte. Also: Ich war auf meinen Horizont ausgerichtet – in einer inspirierenden Beziehung leben zu dürfen, in der sich beide Partner entwickeln können –, aber machte keinen Druck ... und eines Tages war er da, mein Partner. Besser hätte ich es nicht »planen« können. Statt falsche Kompromisse einzugehen, Dinge erzwingen zu wollen oder mich von meinem Wunsch abzuwenden, klärte ich meinen Horizont – und vertraute in die Lösungen des Lebens. Ich blieb meinem Wunsch treu ... und ließ ihn los. So wurde seine Erfüllung möglich.

Die Kunst in Veränderungsprozessen besteht darin, selbstverantwortlich zu handeln *und* offen zu bleiben, entschlossen vorwärtszugehen *und* zu vertrauen. Es braucht beides. Wo Sie handeln, ohne zu vertrauen, laufen Sie möglicherweise fest, wenn sich Dinge nicht so entwickeln, wie Sie sich das vorstellen. Wenn die Pflanze nicht so schnell wächst, wie Sie das wollen, hören Sie vielleicht enttäuscht auf, ihr Wasser zu geben. Die Pflanze verdorrt – nicht, weil sie nicht wachsen kann, sondern weil Sie sie nicht weiter pflegen, ihr die nötige Zeit nicht geben. Doch auch dort, wo Sie vertrauen, ohne zu handeln, können Dinge nicht Wirklichkeit werden. Sie müssen die Pflanze setzen, damit sie wachsen kann – sie wächst nicht, nur weil Sie wissen, dass eine Pflanze wachsen kann.

Vertrauen erschließt den Zugang zu Ideen, Lösungen und Kräften, die Sie »ankommen« lassen – diese ergeben sich, weil Sie sich dafür öffnen, weil Sie vertrauen, dass es sie gibt. Sie werden staunend feststellen, dass es Wege und Situationen gibt, die übertreffen, was Sie planen, ausdenken, »machen« können. Sie werden erkennen, dass Sie nicht alles im Voraus wissen müssen und dennoch »ankommen«.

3.1 Vertrauen – Ein inneres Wissen, dass Sie »ankommen« werden

»Die wirklich großen Dinge geschehen ohne unser Dazutun.«
Klaus Biedermann

Was ist Vertrauen?

Vertrauen wird hier verstanden als inneres Wissen »anzukommen«. Im Kern beinhaltet dies:

Sie gehen davon aus, dass es in Ihnen Ideen, Talente, Kenntnisse und Erfahrungen gibt, die Ihnen helfen, vorwärtszukommen – auch wenn Sie den Zugang dazu noch nicht immer finden. Vertrauen beinhaltet zu wissen, dass Ihnen zur Verfügung steht, was Sie brauchen, um voranzukommen, und dass es darum geht, diese Ressourcen zu entdecken und zu nutzen. Vertrauen heißt, dass Sie sich öffnen für das, was in Ihnen angelegt ist.

Sie gehen davon aus, dass es Lösungen gibt – auch wenn diese im Moment noch nicht sichtbar sein mögen. Vertrauen beinhaltet zu wissen, dass es immer Möglichkeiten und Wege gibt, die vorwärtsführen, und dass es darum geht, diese zu finden und den Mut aufzubringen, auch neue, unkonventionelle Wege einzuschlagen. Vertrauen heißt, dass Sie sich öffnen für alles, was Sie vorwärtskommen lässt.

Sie gehen davon aus, dass Ihr motivierender Horizont Wirklichkeit werden kann – auch wenn Sie noch keine Idee haben, wann, wo und wie dies erfolgen wird. Es gibt Situationen, in denen unvorstellbar scheint, dass es Wege gibt, die nicht nur aus dieser Situation hinaus-, sondern auf Ihren motivierenden Horizont hinführen. Vertrauen beinhaltet zu wissen, dass es möglich ist, in Situationen zu kommen, in denen Sie sich entfalten können – auch wenn dies zu einem anderen Zeitpunkt und auf eine andere Art geschehen kann, als Sie es sich jetzt wünschen mögen. Vertrauen heißt, dass Sie sich öffnen für positive Wendungen in Ihrem Leben.

Schließlich gehen Sie davon aus, dass es genügt, entschlossen und mutig vorwärtszugehen und zugleich offen zu bleiben für das, was unterwegs geschieht. Vertrauen beinhaltet zu wissen, dass es genügt, Verantwortung zu übernehmen für den Kurs, den Sie einschlagen, und für die Art, wie Sie vorwärtsgehen – und dass Sie den Rest dem Leben überlassen dürfen. Vertrauen heißt, dass Sie sich öffnen für Lösungen, die sich – auf vielleicht überraschende Weise – ergeben.

In Abbildung 10 ist dieses Verständnis von Vertrauen zusammengefasst.

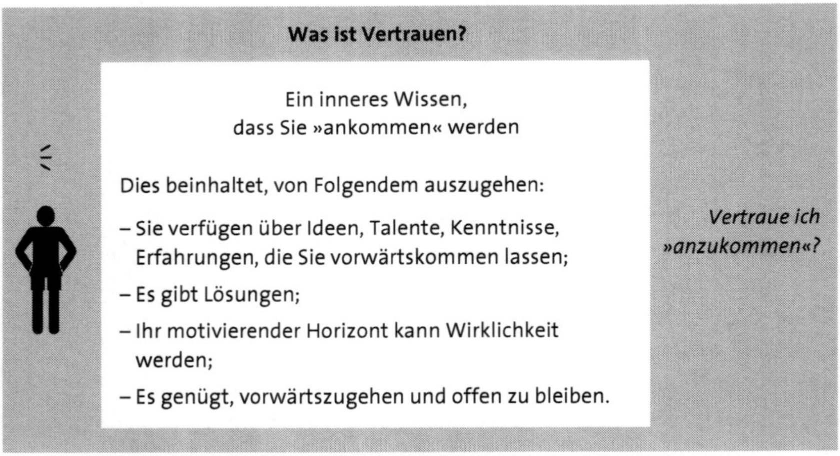

Was ist Vertrauen?

Ein inneres Wissen, dass Sie »ankommen« werden

Dies beinhaltet, von Folgendem auszugehen:

– Sie verfügen über Ideen, Talente, Kenntnisse, Erfahrungen, die Sie vorwärtskommen lassen;

– Es gibt Lösungen;

– Ihr motivierender Horizont kann Wirklichkeit werden;

– Es genügt, vorwärtszugehen und offen zu bleiben.

Vertraue ich »anzukommen«?

Abbildung 10

Was gibt Anlass zu vertrauen?

Vertrauen in diesem Sinn ist letztlich Vertrauen ins Leben: Sie sind offen für die Möglichkeiten, die auch in Ihrem Leben angelegt sind.

Was gibt Anlass, ins Leben zu vertrauen?

Anlass dazu gibt die Erinnerung daran, dass das Leben klug eingerichtet, auf Entfaltung und Wachstum ausgerichtet ist. Sie können diese Erinnerung und damit auch Vertrauen aktivieren, indem Sie beobachten, wie Leben beispielsweise in der Natur zum Ausdruck kommt. Mit einem Blick in die Natur können Sie Lebensprinzipien erkennen und damit verstehen, warum es Grund gibt zu vertrauen. Wenn Sie auf dieser Basis dem Leben vertrauen, können Sie auch in Ihren Weg vertrauen. Sie sind selbst Teil des Lebens. Alles, was im Leben angelegt ist und was Sie exemplarisch in der Natur beobachten, ist auch in Ihnen angelegt. Das gibt Anlass zu vertrauen – ins Leben, in Sie und in Ihren Weg.

Wenn Sie die Natur beobachten, werden Sie Folgendes entdecken: Intelligenz, Kreativität, Wachstum, Entfaltung, Vielfalt, Überfluss, Natürlichkeit und Leichtigkeit, Lösungsorientierung, Ordnung, Zeit.

Wie kommen diese Lebensprinzipien in der Natur zum Ausdruck? Und inwiefern geben sie Anlass zu vertrauen?

Intelligenz: Sie finden Anlass zu vertrauen, wenn Sie begreifen, dass das Leben und damit auch Sie selbst mit Intelligenz ausgestattet sind. In der Natur können Sie Intelligenz auf vielfältige Weise begegnen. Tiere haben im Winter ein Winterfell und verlieren dieses im Frühling automatisch wieder. Vögel fliegen Tausende von Kilometern – als hätten sie einen Autopiloten. Elefanten können über große Distanzen zueinanderfinden. Auch in Ihrem Körper zeigt sich Intelligenz: Ihr Immunsystem erkennt Krankheitserreger und bekämpft sie. Ihre Verdauungsorgane trennen auf ausgeklügelte Weise Stoffe, die für den Körper nützlich sind, von Stoffen, die nicht nützlich sind, und scheiden Letztere aus. Sie sehen: Das Leben ist intelligent eingerichtet. Wenn Sie sich diesem Prinzip öffnen, schaffen Sie Raum für das Vertrauen, dass auch Sie Klugheit und Wissen in sich haben, die Sie aktivieren können und die Ihnen helfen, auch anspruchsvolle Situationen zu meistern.

Kreativität: Sie finden Anlass zu vertrauen, wenn Sie entdecken, dass das Leben und damit auch Sie selbst über Kreativität verfügen. In der Natur begegnen Sie überall Resultaten kreativer Prozesse. Ein Blick in die Pflanzen- und Tierwelt eröffnet ein Feuerwerk von Farben und Formen, von Schönheit, Witz, Üppigkeit, auch Schlichtheit. Kreativität dient dem Leben, hat eine überlebenswichtige Funktion. Tiere haben über die Jahrhunderte nicht ein buntes Fell oder farbige Federn entwickelt, weil sie es schön fanden, sondern weil es ihre Überlebenschancen erhöht; sie sind so optimal getarnt oder können gerade umgekehrt auf sich aufmerksam machen. Wenn Sie sich diesem Prinzip öffnen, machen Sie Raum für das Vertrauen, dass es auch in Ihnen kreative Kräfte gibt, die Sie befähigen, dem Leben Farbe zu verleihen, Ideen Wirklichkeit werden zu lassen und mit herausfordernden Situationen kreativ umzugehen.

Wachstum: Sie finden Anlass zu vertrauen, wenn Sie verstehen, dass das Leben und damit auch Sie selbst auf Wachstum angelegt sind und alles vorhanden ist, was es dazu braucht. Wachstum bedeutet, dass sich jedes Lebewesen zu dem entwickelt, was es ist. Wachstum bedeutet nicht »stets mehr«, »stets Neues«, »stets anderes«. Wachstum bedeutet, stets mehr zum Ausdruck zu bringen und weiterzuentwickeln, was schon angelegt ist. Ein Baum ist vollständig damit beschäftigt, der Baum zu werden, der schon im kleinen Samen angelegt ist. Er wächst entsprechend seiner Art und in seinem Tempo. Er nutzt dabei, was hier und jetzt vorhanden ist. Nun, Sie sind kein Baum. Doch Sie können vom Baum abschauen: Sich darauf zu konzentrieren, stets mehr zu werden, der/die Sie sind. Wachstum bedeutet nicht, dass Sie jemand anders werden müssen. Eine Tanne wird kein Birnbaum. Sie will auch kein Birnbaum werden. Sie ist mit nichts anderem beschäftigt, als Tanne zu sein und als Tanne zu wachsen. Wenn Sie sich diesem Prinzip öffnen, machen Sie Raum für das Vertrauen, dass Sie da sind, zu werden, wer Sie sind, und dass Sie alles in sich haben, was Sie dazu benötigen.

Entfaltung in passender Umgebung: Sie finden Anlass zu vertrauen, wenn Sie sich erinnern, dass Wachstum am besten erfolgen kann in einer Umgebung, die dem eigenen Wesen entspricht.

Ein Eisbär hat alles, was er braucht, um in kalten Gegenden zu überleben; er würde in der Wüste seine Mühe haben. In südlichen Ländern wuchern Oleander an den Straßenrändern; in Nordeuropa sind sie viel empfindlicher. Ich fragte letzthin in einer Gärtnerei um Rat, weil ein Rhododendron in unserem Garten etwas mitgenommen schien. Der Gärtner erkundigte sich genau und erinnerte mich dann freundlich und kompetent an dieses Prinzip; er sagte, die Pflanze sei stark, sie sei hier zu Hause, ich brauchte mir keine Sorgen zu machen. Sie sehen: Das Leben ist so eingerichtet, dass Lebewesen in der passenden Umgebung gedeihen und auch mal eine Durststrecke überleben können, aber empfindlicher sind in einer Umgebung, die nicht zu ihrer Wesensart passt. Wenn Sie sich diesem Prinzip öffnen, schaffen Sie Raum für das Vertrauen, dass es vernünftig ist herauszufinden, in welcher Umgebung Ihre Talente am besten gedeihen. Vielleicht müssen Sie die Umgebung wechseln, wenn Sie sich wie ein Eisbär in der Wüste fühlen.

Vielfalt: Sie finden Anlass zu vertrauen, wenn Sie begreifen, dass Vielfalt und Unterschiedlichkeit essenzielle Bestandteile von Leben und Sie selbst Teil und Ausdruck davon sind. Es gibt Millionen unterschiedlicher Pflanzen und Tiere. Eine Frühlingswiese in den Alpen ist ein Beispiel dafür: jedes Jahr erneut eine unglaubliche Farben- und Formenvielfalt. Vielfalt ist sinnvoll. Jedes Lebewesen trägt in seiner Unterschiedlichkeit zum Leben des Ganzen bei. Einseitige Bepflanzung laugt auf die Dauer den Boden aus. Zu viel der gleichen Tiersorte stört das Gleichgewicht des Ganzen. Sie sehen: Das Leben ist nicht auf Gleichförmigkeit und Gleichheit angelegt. Wenn Sie sich diesem Prinzip öffnen, schaffen Sie Raum für das Vertrauen, dass Sie Ihr eigenes Wesen zum Ausdruck bringen dürfen und dass dies auch wichtig ist.

Überfluss: Sie finden Anlass zu vertrauen, wenn Sie entdecken, dass das Leben durch Überfluss gekennzeichnet ist und dass Sie selbst an diesem Überfluss teilhaben. In der Natur begegnen Sie überall Überfluss. Ausdruck davon ist etwa das Blütenmeer eines Baumes. Überfluss führt hier dazu, dass es genügend

Früchte gibt und damit Fortleben gesichert ist. Überfluss hat aber auch eine Funktion in einem größeren Ganzen: Indem der Baum in Überfluss Blüten produziert, ist nicht nur das Überleben dieser Baumart, sondern auch die Lebensgrundlage seiner Umgebung gesichert, die seine Früchte nutzt und dann ihrerseits wieder dazu beiträgt, dass der Baum lebt; Tiere fressen die Früchte, bestäuben die Blüten und düngen den Boden. Sie sehen: Das Leben ist nicht auf Mangel, sondern auf Überfluss angelegt – im Dienst eines größeren Ganzen. Wenn Sie sich diesem Prinzip öffnen, schaffen Sie Raum für das Vertrauen, dass Ihnen zur Verfügung steht, was Sie brauchen, um zu werden, wer Sie sind.

Natürlichkeit und Leichtigkeit: Sie finden Anlass zu vertrauen, wenn Sie erkennen, dass im Leben und damit auch bei Ihnen Dinge natürlich und mit Leichtigkeit geschehen können. Eine Bärenmutter verstößt ihr Junges, wenn es groß genug ist. Der junge Bär muss keine Therapien absolvieren, um die Trennung zu verarbeiten – er geht auf Fischfang. Ein Tausendfüßler muss sich nicht überlegen, wie er seine Füße bewegt – es geht automatisch. Sie verdauen Nahrung, ohne sich anzustrengen, ohne zu zweifeln, ob Sie das schaffen werden. Sie atmen, ohne sich für jeden Atemzug entscheiden zu müssen. Sie sehen: Auch Anspruchsvolles muss nicht kompliziert sein. Wo Sie sich diesem Prinzip öffnen, machen Sie Raum für das Vertrauen, dass Dinge nicht schwer gehen müssen, sondern natürlich und leicht fließen dürfen.

Lösungsorientierung: Sie finden Anlass zu vertrauen, wenn Sie erkennen, dass das Leben und damit auch Sie selbst ausgestattet sind, Lösungen zu finden. Sie können beobachten, dass sich Pflanzen und Tiere immer wieder auf neue Situationen einstellen, sich von Rückschlägen erholen, Wege finden, um unter neuen Voraussetzungen zurechtzukommen. In der Natur ergeben sich immer wieder Lösungen – oft auf sehr kreative Weise, meist überlebenswichtig. So wurde etwa entdeckt, dass Fische, die aufgrund von übermäßigem Fischfang in der Anzahl stark abnehmen, angefangen haben, schneller geschlechtsreif zu werden. Sie können so früher Nachwuchs produzieren und damit das Überleben der Art sichern. Selbstverständlich ist dies keine Legitimation, Meere leer zu fischen. Aber auch hier: Sie können von diesen Fischen lernen: Ihre Kraft darauf zu konzentrieren, wie Sie sich konstruktiv auf neue Situationen einstellen und vorwärtskommen können. Wenn Sie sich diesem Prinzip öffnen, machen Sie Raum für das Vertrauen, dass Sie Situationen nicht völlig ausgeliefert sind, dass es immer wieder Lösungen gibt.

Ordnung: Sie finden Anlass zu vertrauen, wenn Sie zu ahnen beginnen, dass es im Leben und damit auch in Ihrem Leben Ordnung gibt. In der Natur ist zu erkennen, dass das Leben nicht zufällig oder chaotisch ist, auch wenn es so scheinen mag. Neuere wissenschaftliche Ansätze haben ermöglicht, hinter scheinbar unverständlichen Zufälligkeiten und Chaos in der Natur Muster zu erkennen. So wurden etwa hinter beliebig erschienenen Veränderungen in Wetterlagen regelmäßige Muster entdeckt – indem genügend große Zeiträume untersucht wurden. Sie sehen: Es gibt Ordnung, auch wenn Sie diese allenfalls im Moment nicht zu erkennen vermögen. Wenn Sie sich diesem Prinzip öffnen, machen Sie Raum für das Vertrauen, dass Sie weitergehen können, auch wenn Dinge im Moment chaotisch anmuten mögen und Sie vielleicht erst viel später erkennen, wie sich dieser Moment in Ihrem Leben einfügt.

Zeit: Sie finden Anlass zu vertrauen, wenn Sie sich öffnen dafür, dass das Leben und damit auch Sie selbst nicht begrenzt sind auf den Zeitraum Ihrer Lebensspanne. Das Leben auf der Erde hat sich in Millionen von Jahren entwickelt, von ersten Bakterien bis zu hochkomplexen Organismen. Vor diesem Hintergrund ist es nicht erstaunlich, dass es keine Risikogarantie für kurze Zeiträume gibt. Ein Sturm kann einen Baum umhauen. Doch vom alten Baum entwickeln sich neue Bäumchen. Das Leben geht weiter. Das Leben funktioniert nicht in Dimensionen eines einzigen Baumes, auch nicht in Dimensionen einer menschlichen Generation. Es funktioniert in der Dimension der fortwährenden Entwicklung des Gesamten. Erschaffenes geht nicht »verloren«. Materie, erreichte Resultate mögen sich auflösen, doch Prinzipien, Ideen, das, was Materie und Resultaten zugrunde liegt, geht weiter. Die Auswirkung Ihres Vorwärtsgehens ist umfassender, als Sie vielleicht denken und selbst erleben. Wenn Sie beispielsweise konstruktiv mit einer tödlichen Krankheit umgehen, so wie Hans es tat, von dem in Kapitel 1 die Rede war, wird dies Ihr Umfeld beeinflussen und weiterwirken. Menschen, die erlebt haben, wie Sie mit der Krankheit umgegangen sind, werden anders mit ihrem eigenen Leben umgehen. Oder: Wenn Sie ein Geschäft aufbauen, können Sie erfahren, wie dieses wächst, nicht aber, wie möglicherweise Generationen später Tausende von Mitarbeitern für dieses Unternehmen arbeiten. Sie sehen: Es gibt Zeit. Wenn Sie sich diesem Prinzip öffnen, schaffen Sie Raum für das Vertrauen, dass Sie immer einen Beitrag zur Entwicklung des Ganzen leisten, wenn Sie Kurs nehmen auf Ihren Horizont und tun, was Sie jetzt tun können – auch wenn Sie allenfalls Resultate selbst nur in Ansätzen erleben.

In Abbildung 11 sind die Lebensprinzipien zusammengefasst, die Sie in der Natur beobachten können, die auch in Ihnen angelegt sind und die Anlass geben zu vertrauen.

Was Vertrauen *nicht* ist

Vertrauen bedeutet also: Ein inneres Wissen haben, dass Sie »ankommen« werden. Es bedeutet: Sich öffnen für Kreativität und Kräfte, die allem Leben eigen und auch in Ihnen angelegt sind. Doch: Ist das nicht naiv? Wenn ich im Schlamassel sitze, soll ich mich dann einfach hinsetzen und vertrauen, dass das Leben es schon regelt?

Um Missverständnissen vorzubeugen, ist es nützlich, klarzustellen, was Vertrauen haben *nicht* bedeutet.

Es dürfte schon deutlich geworden sein: Vertrauen ist keine Risikogarantie. Ein Baum ist auf sein Wachstum konzentriert – und dennoch kann er durch einen Sturm umgehauen werden. Wenn Sie vertrauen, heißt das nicht, dass es keine Stürme mehr gibt, die Ihr Leben kräftig durcheinanderbringen können. Es bedeutet nicht, dass Sie keinen Hindernissen beggenen. Vertrauen lässt Sie aber Stürmen und Hindernissen anders begegnen. Sie

> **Was gibt Anlass zu vertrauen?**
>
> Erinnerung an die Lebensprinzipien,
> die in der Natur zum Ausdruck kommen
> und auch in Ihnen angelegt sind:
>
> – Intelligenz – Sie haben Klugheit und Wissen in sich;
> – Kreativität – Es gibt kreative Kräfte in Ihnen;
> – Wachstum – Sie sind da zu werden, wer Sie sind;
> – Entfaltung – Es gibt passende Umgebungen für Sie;
> – Vielfalt – Sie dürfen sein, wer Sie sind;
> – Überfluss – Es ist da, was Sie brauchen;
> – Natürlichkeit, Leichtigkeit – Dinge sollten leicht gehen;
> – Lösungsorientierung – Es gibt immer wieder Lösungen;
> – Ordnung – Ihr Leben ist (in) Ordnung;
> – Zeit – Sie sind Teil einer fortwährenden Entwicklung.

Vertraue ich ins Leben?

Abbildung 11

wissen, dass es mehr gibt als diesen Sturm oder dieses Hindernis. Darum ist Vertrauen so wichtig: Es befähigt Sie, einem Sturm oder Hindernis anders zu begegnen als in Panik und Kopflosigkeit. Es befähigt Sie, sich auf das zu konzentrieren, was jetzt ist und was Sie jetzt tun können – ohne Wenn und Aber, ohne Zweifel und Anklage, ohne Mangeldenken und Selbstmitleid, ohne Sorge, wohin das alles noch führen wird. So kommen Sie vorwärts. Sie erfahren, dass Stürme vorbeigehen und Hindernisse bewältigt werden können. Dies stärkt Ihr Vertrauen. Wenn Sie sich beständig absichern, Stürmen und Hindernissen ausweichen und risikofrei durchs Leben gehen wollen, kann Vertrauen nicht wachsen. Vertrauen ist verbunden mit der Bereitschaft, sich Stürmen zu stellen im Wissen darum, dass es Wege und Ufer gibt.

Ebenso dürfte sich abzuzeichnen begonnen haben: Vertrauen hat nichts zu tun mit einer Fixierung auf bestimmte Resultate im Sinne von: »Ich vertraue jetzt ganz fest, dass ich genau diese Stelle (diesen Mann, ein Kind, dieses Haus usw.) bekommen werde.« Vertrauen hat – extrem ausgedrückt – überhaupt nichts zu tun mit Resultaten. Der Baum kümmert sich nicht darum, wann er wie viele Früchte tragen wird. Und dennoch trägt er Früchte im Überfluss. Der Baum kümmert sich nicht um die Resultate – er ist damit beschäftigt zu wachsen. Wenn Sie fixiert sind auf Resultate oder gar auf ein ganz bestimmtes Resultat, kann Vertrauen nicht entstehen. Wenn Sie unbedingt diese eine Stelle bekommen wollen, sind Sie nicht offen für andere Stellen. Ihr Horizont verengt sich, Möglichkeiten reduzieren sich, Alternativen fallen weg. Verständlicherweise bekommen Sie Angst – was, wenn Sie diese Stelle doch nicht bekommen?! Angst steht Vertrauen entgegen. Vertrauen bedeutet: »Ich freue mich, wenn es diese Stelle sein darf – wenn nicht, dann mache ich meine Schritte weiter und vertraue darauf, dass dies zu der für mich optimalen Stelle führen wird.« Vertrauen ist verbunden mit dem Mut, sich nicht um die Resultate zu kümmern im Wissen darum, dass sich die passenden Resultate zur passenden Zeit einstellen werden.

Vertrauen hat auch nichts zu tun mit Machbarkeitsdenken im Sinne von: »Ich vertraue, dass ich alles so hinkriege, wie ich das will – notfalls helfe ich noch etwas nach.« Wenn Sie Dinge »machen«, Prozesse beschleunigen und Resultate nach Ihren Vorstellungen erzwingen wollen, kann Vertrauen nicht entstehen. Dinge erzwingen zu wollen, hat zu tun mit Beschränkung auf das, was Sie innerhalb Ihres Blickfeldes sehen, denken und für richtig halten. Vertrauen führt über dieses Blickfeld hinaus. Vertrauen ist verbunden mit dem Wagnis, sich zu öffnen für Resultate, die über das hinausgehen, was Sie jetzt sehen, denken und machen können.

Vertrauen ist aber auch nicht zu verwechseln mit Naivität im Sinne von »Es wird schon gut«. Vertrauen ist keine rosarote Brille. Eine schlechte Arbeitssituation ist eine schlechte Arbeitssituation. Eine unheilbare Krankheit ist eine unheilbare Krankheit. Vertrauen ist gebunden an die Bereitschaft, genau hinzuschauen, so wie es in Kapitel 1 beschrieben wurde. Vertrauen kann nicht wachsen, wenn Sie ein verzerrtes Bild Ihrer Situation haben, sich in Bezug auf Ihre Situation etwas vormachen oder den Kopf in den Sand stecken. Wenn Sie zum Beispiel so viel arbeiten, dass sich dies gesundheitlich bemerkbar zu machen beginnt, aber die Meinung vertreten: »Es wird dann schon wieder anders«, zeugt diese Meinung nicht von Vertrauen, sondern von Nicht-sehen-Wollen von etwas, was Sie sich zumindest einmal genauer anschauen sollten. Oder wenn Sie nicht wahrhaben wollen, dass Ihr Kinderwunsch nicht in Erfüllung gehen kann, und stattdessen auf ein Wunder hoffen, ist dies Wunschdenken und nicht Vertrauen ins Leben. Vertrauen ist gebunden an die Bereitschaft, genau hinzuschauen. Das ist alles andere als naiv.

Vertrauen ist schließlich nicht zu verwechseln mit einem passiven Abwarten im Sinne von »Das Leben wird es schon regeln, ich bleibe einstweilen in meinem Schlamassel sitzen«. Vertrauen bedeutet nicht, die Hände in den Schoß zu legen und auf bessere Zeiten zu warten, sondern ist verbunden damit, die Ärmel aufzukrempeln und das jetzt Mögliche zu tun. Vertrauen ist nicht Ersatz für mangelnde Selbstverantwortung und Aktivität. Vertrauen ist gebunden an Entschlossenheit und Mut, vorwärtszugehen, so wie dies in Kapitel 2 beschrieben wurde. Ohne aktive Schritte können Sie nicht die Erfahrung machen, dass es möglich ist, vorwärtszukommen; damit kann Ihr Vertrauen nicht wachsen. Ohne den Mut, Dinge anzupacken, werden Sie nicht erfahren, dass es möglich ist, einen Übergang zu gestalten. Damit bleibt Vertrauen etwas Luftiges, Unverbindliches. Ebenso wie Sie auf Lösungen angewiesen sind, die das Leben für Sie in oft überraschender Weise bereithält, ist das Leben auch auf *Sie* angewiesen; es kann Ihnen keine Lösungen entgegentragen, wenn Sie sich nicht in Bewegung setzen. Der Kellner im Restaurant bringt Ihnen kein Essen, wenn Sie sich nicht zuvor auf den Weg zum Restaurant gemacht, die Speisekarte angeschaut und Ihre

Bestellung aufgegeben haben. Vertrauen ist gebunden an die Entschlossenheit und den Mut, Entscheidungen zu treffen und zu handeln.

Zusammenarbeit mit dem Leben

Vertrauen bedeutet, mit dem Leben zusammenzuarbeiten. Die Beschäftigung mit den Lebensprinzipien wird Sie dazu ermutigen. Indem Sie diese Prinzipien verstehen und sich dafür öffnen, schöpfen Sie Vertrauen und Kraft, um entschlossen vorwärtsgehen zu können und zugleich offen zu bleiben.

Zusammenarbeit mit dem Leben, das heißt: *Sie* **sind verantwortlich für Ihre Wahrnehmung, für den Horizont, auf den Sie sich ausrichten, für die Entscheidungen, die Sie treffen, sowie für die Schritte, die Sie machen. Den Rest – das Wann, Wo und Wie des »Ankommens« – besorgt das Leben.** Sie können sich dies nicht gut genug einprägen. Fast immer ist der Grund, dass Veränderungsprozesse ins Stocken geraten, dass diese Arbeitsteilung nicht verstanden oder nicht akzeptiert wird. Menschen können es sich – meist aufgrund lange eingeübter Denkmuster und Überzeugungen – einfach nicht vorstellen, dass es Lösungen gibt, die übersteigen, was sie sich jetzt ausdenken. Sie zweifeln daran, dass sie »ankommen« werden, weil sie das Ufer noch nicht sehen. Sie sind überzeugt, dass sie nachhelfen müssen. Sie zerren am wachsenden Pflänzlein, statt für Bedingungen zu sorgen, in denen dieses optimal wachsen kann.

Wenn Sie sich auf *Ihren* Teil konzentrieren – auf das genaue Hinschauen, die Entwicklung eines motivierenden Horizontes, das entschlossene und mutige Vorwärtsgehen sowie die Bewahrung von Offenheit –, fallen Ihnen Lösungen zu, Sie müssen sie nicht angestrengt suchen, erzwingen, herbeizerren. Ein Baum gibt von selbst Früchte.

3.2 Der »Vertrauenskreis« – Wie Sie Vertrauen Raum geben

> »Es gelingt nur,
> wenn ich möglich mache,
> es geschehen zu lassen.«
> Anonym

Nun stellen Sie vielleicht die Frage: Wie komme ich zu diesem Vertrauen? Wie komme ich zu diesem inneren Wissen, dass auch ich »ankommen« werde?

Vertrauen ist nicht immer automatisch gegeben. Vertrauen kann beeinträchtigt, verletzt sein. Sie können Wahrnehmungs- und Handlungsweisen entwickelt haben, die Vertrauen ausschließen. Sie können sich so daran gewöhnt haben, dass Vertrauen für Sie zum Fremdwort geworden ist. Der Satz »Du musst nur Vertrauen haben!« ist da wenig hilfreich.

Sie können Vertrauen nicht abzwingen, aber Sie können Vertrauen aktiv Raum geben. Vertrauen ist nicht etwas Mysteriöses, das die einen Menschen mitbekommen haben und die anderen nicht. Vertrauen ist etwas, was Sie, wo Sie gerade sind, aktiv fördern und in Ihrem Leben wachsen lassen können.

Sie geben Vertrauen Raum, indem Sie verstehen, wie Vertrauen entsteht und indem Sie entsprechend wahrnehmen und handeln. Sie werden erfahren, dass Vertrauen wächst.

Der »Vertrauenskreis«

Vertrauen entsteht in einem – nicht endenden – Kreis, in dem Wahrnehmung, Handeln und Erfahrung einander positiv beeinflussen.

Bei näherer Betrachtung spielen in diesem Kreis fünf Elemente eine wichtige Rolle:

- Offenheit für Lösungen;
- eine Wahrnehmung, die motivierend und hilfreich ist;

- ein Handeln, das auf einen motivierenden Horizont ausgerichtet ist;
- Erfahrungen und Resultate, die ermutigen;
- die Entwicklung von Vertrauen als inneres Wissen »anzukommen«.

Indem Sie diese Elemente im Vorwärtsgehen berücksichtigen, geben Sie Vertrauen Raum.

Wie sind diese Elemente zu verstehen? Wie fördern Sie Vertrauen? Und wie geben Sie durch das Einbeziehen dieser Elemente Vertrauen Raum?

Offenheit für Lösungen ist die Basis von Vertrauen. Im Anschluss an Kapitel 1 bedeutet Offenheit, dass Aufmerksamkeit erweitert statt eingeschränkt wird. Offenheit erschließt Ideen, Informationen, Möglichkeiten und Lösungen – gerade auch solche, die überraschend und unerwartet sind. Offenheit gibt Zugang zu Wegen, die den eigenen Vorstellungen allenfalls nicht unmittelbar entsprechen, sich im Nachhinein aber oft als entscheidend erweisen. Offenheit führt zu Lösungen, die übersteigen, was man »machen« kann oder für möglich hält. Offenheit erschließt Wege, ohne dass angestrengt gesucht werden muss. Die Erfahrung, dass durch Offenheit Lösungen in den Blick kommen, ist Nährboden für Vertrauen. Indem Sie offen sind und achtsam durch den Alltag gehen, nehmen Sie wahr, was Sie vorwärtskommen lässt. Damit ermöglichen Sie Vertrauen.

Vertrauen ist weiter abhängig von einer Wahrnehmung, die motivierend und hilfreich ist. In Kapitel 1 haben Sie sich vergegenwärtigt, dass sich Ihre Wahrnehmung auf Ihr Handeln auswirkt und damit auch auf die Resultate, die sich einstellen. Eine motivierende Wahrnehmung gibt Raum für motivierende Resultate. Motivierende Resultate stärken das Vertrauen, dass es möglich ist »anzukommen«. Damit ist die eigene Wahrnehmung entscheidend daran beteiligt, ob Vertrauen entstehen kann. Indem Sie förderliche Sicht- und Denkweisen entwickeln, können Sie produktiv handeln. Damit geben Sie Vertrauen Raum.

Vertrauen ist gebunden an ein Handeln, das auf einen motivierenden Horizont ausgerichtet ist. In Kapitel 2 wurde beschrieben, was mit einem solchen Handeln gemeint ist. Durch die Ausrichtung auf einen motivierenden Horizont ergeben sich Schritte, die zu diesem Horizont hinführen. Wo diese Schritte umgesetzt werden, kommt es zur Erfahrung, dass es möglich ist, vorwärts zu gelangen. Dies stärkt Vertrauen. Indem Sie einen motivierenden Horizont entwickeln und in diese Richtung vorwärtsgehen, ermöglichen Sie positive Erfahrungen. Damit fördern Sie Vertrauen.

Vertrauen ist gekoppelt an Erfahrungen und Resultate, die ermutigen. Angenommenes, Gedachtes, Angestrebtes sind darin Wirklichkeit geworden. Vielleicht hat man längst verstanden, dass es wichtig ist, einen motivierenden Horizont zu entwickeln und mutig vorwärtszugehen – doch die Erfahrung, dass dies möglich ist, geht tiefer. Diese Erfahrung kann nicht genommen werden. Hat man einmal erlebt, dass es möglich ist, vorwärtszukommen, »anzukommen«, kann immer wieder auf diese Erfahrung zurückgegriffen werden. Wurde einmal erlebt, dass es im eigenen Leben erfreuliche Wendungen geben kann, wird einen dies auf dem weiteren Weg stärken. Wurde einmal erfahren, dass erfreuliche Resultate erzielt werden können, wird dies bei folgenden Schritten ermutigen. Je mehr positive Erfahrungen gemacht werden, je mehr erfreuliche Resultate sich einstellen, desto stärker wird Vertrauen. Indem Sie achtsam sind für solche Erfahrungen und Resultate, entwickeln Sie nach und nach eine innere Gewissheit, dass Sie vorwärtskommen können. Damit entsteht Vertrauen.

Vertrauen ist ein inneres Wissen »anzukommen«. Dieses Wissen entwickelt sich, wenn wiederholt erfahren wird, dass das Leben gute Wendungen nehmen kann und es möglich ist, dem motivierenden Horizont näher zu kommen. Wo man sich bisher vielleicht für Vertrauen entscheiden musste, ohne es schon wirklich zu spüren, wird Vertrauen mehr und mehr ein selbstverständlicher Begleiter, der wiederum Offenheit, Wahrnehmen und Handeln, damit auch Erfahrungen und Resultate positiv beeinflusst: Man ist stets offener und stellt sich flexibler auf neue

Situationen ein. Möglichkeiten und Lösungen werden schneller wahrgenommen. Man weiß stets schneller und intuitiver, was man tun will. Man wird entspannter und geht zugleich engagiert und erfolgreich vorwärts. Vertrauen befähigt, jeder Situation konstruktiv zu begegnen. Man ist innerlich frei und kann sich gerade deshalb verbindlich einbringen. Man ist unabhängig und kann gerade deshalb Beziehungen eingehen, in denen es Raum gibt für Entwicklung. Wer das innere Wissen hat, dass es möglich ist, mit Kurs auf einen motivierenden Horizont vorwärtszukommen, strahlt dies aus. Solche Menschen wirken entspannt, offen, freundlich, zuversichtlich. Sie sind präsent. Sie sind kreativ, aktiv und dynamisch. Sie sind erfolgreich. Zugleich strahlen sie Ruhe aus. Solche Menschen haben eine starke Anziehungskraft. Sie ziehen Situationen an, die zu ihrem inneren Wissen passen. Indem Sie auf Anzeichen und Momente wachsenden Vertrauens achten, pflegen Sie Vertrauen.

In Abbildung 12 sind die fünf Elemente des »Vertrauenskreises« festgehalten.

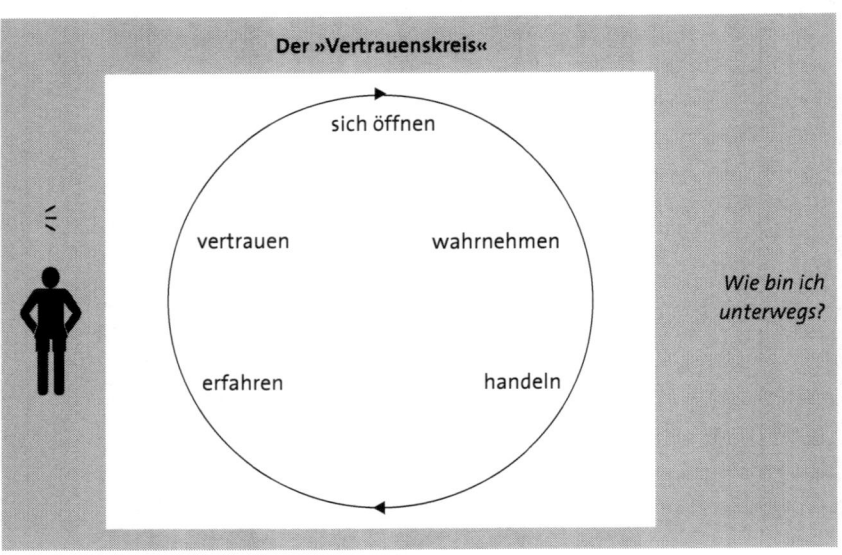

Abbildung 12

Entscheiden, in den »Vertrauenskreis« einzusteigen

Sie geben Vertrauen Raum, indem Sie entscheiden, in den »Vertrauenskreis« einzusteigen.

Sie können Vertrauen nicht erzwingen. Aber Sie können entscheiden, in den »Vertrauenskreis« einzusteigen. Damit ermöglichen Sie, dass Vertrauen entsteht. Sie müssen sich nicht anstrengen zu vertrauen. Sie müssen sich keine Vorwürfe machen, wenn es Ihnen eventuell nicht (gleich) gelingen will zu vertrauen. Sie müssen keine komplizierten Erklärungen entwickeln, warum Vertrauen bisher möglicherweise wenig Raum bekommen hat in Ihrem Leben, warum es verletzt wurde oder abhanden gekommen ist. Entscheiden Sie nur, in den »Vertrauenskreis« einzusteigen. Wachsen wird das Vertrauen von selbst.

Sie können irgendwo in diesem Kreis einsteigen. Jedes Element ist mit den anderen verbunden. Indem Sie beispielsweise auf eine neue Weise wahrnehmen oder anfangen zu handeln, werden Sie feststellen, dass ein Element nach dem anderen ins Spiel kommt. Bei welchem Element Sie anfangen, wird bestimmt von Ihrer persönlichen Neigung und der aktuellen Ausgangslage.

Sie können beispielsweise in den »Vertrauenskreis« einsteigen, indem Sie mit offenem Geist durch den Alltag gehen und bewusst auf alles achten, was Ihnen Anlass gibt, vorwärtszugehen und zu vertrauen. Sie werden immer mehr Situationen, Menschen, Informationen, »Zufällen« begegnen, die interessant, anregend sind, Ihnen Ideen, Mut, Energie vermitteln. Dies wird Ihre Wahrnehmung und Ihr Handeln positiv beeinflussen. *Astrid, Anfang vierzig, war nicht zufrieden mit ihrer Arbeitssituation, fand es aber nicht nötig, sofort Maßnahmen zu treffen. Eines Tages sah eine Freundin ein Inserat für eine Stelle und sagte zu ihr: »Das wäre doch etwas für dich!« Astrid las das Inserat – es sprach sie an. Sie bewarb sich. Und ist heute in einer Arbeitssituation, die ihr besser gefällt und entspricht.* Astrid war offen. Wäre ihre Aufmerksamkeit auf Unzufriedenheit über die Arbeitssituation gerichtet gewesen, wäre sie wohl nicht offen gewesen für den Hinweis. Hätte sie gedacht, jetzt keine Zeit zu haben für eine Bewerbung, hätte sie das Inserat nicht gelesen. Hätte sie ganz bestimmte Vorstellungen einer Stelle gehabt, hätte sie diesen Hinweis vielleicht abgelehnt, weil er möglicherweise nicht in ihr Erwartungsraster gepasst hätte. Astrids Offenheit in diesem einen Moment war Ausdruck einer grundsätzlichen Offenheit für neue Möglichkeiten. Dies ließ sie eine positive Erfahrung machen. Und stärkte damit ihr Vertrauen. Offenheit ist keine Garantie für positive Resultate, aber ein möglicher und sehr wichtiger Einstieg in den »Vertrauenskreis«.

Oder Sie steigen in den »Vertrauenskreis« ein, indem Sie mit motivierenden und hilfreichen Sicht- und Denkweisen experimentieren. Sie erfahren, dass Sie Ihre Wahrnehmung tatsächlich beeinflussen und verändern können. Sie stellen fest, dass Sie Ihre Situation anders wahrnehmen und sich Dinge zu ändern beginnen. Unweigerlich werden Sie auf eine Weise zu handeln anfangen, die Ihrer neuen Wahrnehmung entspricht. Damit haben Sie auch den Einstieg in den »Vertrauenskreis« gefunden. *Anna, von der ich in Kapitel 1.6 erzählte, begann, ermutigt durch die Art, wie ihr Mann mit seiner Krankheit umging, ihre tendenziell ängstlichen und problemorientierten Sicht- und Denkweisen mehr und mehr mit zuversichtlichen und lösungsorientierten zu »ersetzen«. Das kam in ihrer Art zu sprechen, aber auch in ihrem Verhalten zum Ausdruck, wurde von ihrem Umfeld wahrgenommen und führte in einen positiven Kreislauf: Die positiven Reaktionen auf ihre Veränderung ermutigten sie. Sie machte immer mehr positive Erfahrungen. Ihr Selbstvertrauen wuchs. Sie erfuhr, dass ihre veränderte Art wahrzunehmen ihre ganze Lebenssituation erfreulicher werden ließ. Das ermutigte sie, die neuen Sicht- und Denkweisen weiter zu pflegen.*

Sie können auch handelnd in den »Vertrauenskreis« einsteigen. Sie brauchen nicht schon ein ausgeprägtes Vertrauen zu haben, um mit Handeln Vertrauen Raum zu geben. Wenn Ihr Vertrauen verletzt oder »abhanden« gekommen ist, können Sie mit Handeln dazu beitragen, dass sich dies ändert. *Lukas, An-*

fang vierzig, hatte infolge eines Burnout seine Stelle gekündigt. Etwas später starb seine Partnerin innerhalb weniger Monate an einer Krankheit. Lukas musste eine Stelle finden, Geld verdienen. Nichts ging. Eines Morgens dachte er, dass er das nicht mehr lange durchhalten würde. Dennoch schaute er die Stellenanzeigen durch. Er entdeckte ein Inserat für eine interessante Stelle. Er bewarb sich. Und bekam die Stelle. Obwohl sein Vertrauen ins Leben ins Schwanken geraten war, schaffte Lukas es zu handeln. Dieser eine Schritt führte ihn zum Beginn einer neuen Lebensphase. Und ließ in ihm das Vertrauen erstarken, dass man auch aus sehr schwierigen Lebenspassagen hinausfinden kann. Was entscheidend war: dieser Griff zur Zeitung, das Schreiben einer Bewerbung. Es können scheinbar kleine Schritte sein, die zu überaus großen Veränderungen führen und Vertrauen stärken. Nicht jeder Schritt führt gleich zu Erfolg, aber mit Handeln ermöglichen Sie Erfolg. Beim Handeln einzusteigen ist für viele Menschen die einfachste Art, in den »Vertrauenskreis« zu kommen – einen Schritt zu tun ist etwas Konkretes, Überschaubares. Es erfordert zwar Mut und Disziplin, sich auch mal zu einem Schritt durchzuringen obwohl einem vielleicht überhaupt nicht danach zumute ist. Indem Sie solche Schritte machen, werden Sie erfahren, dass Sie vorankommen. Damit haben Sie den Einstieg in den »Vertrauenskreis« gefunden.

Vielleicht steigen Sie in den »Vertrauenskreis« ein, indem Sie bewusst auf ermutigende Erfahrungen und Resultate achten. Sie vergegenwärtigen sich erfreuliche Situationen, erfolgreiche Momente, Erfahrungen, die Ihnen Mut und Energie geben. Sie achten bewusst auf Zeichen von Fortschritt und Verbesserung. Menschen in herausfordernden Situationen haben oft die Tendenz, dies zu »übersehen«. Ihr Blickfeld schränkt sich ein auf das, was sie momentan als schwierig und belastend erfahren. Indem Sie erfreuliche Erfahrungen und Resultate wahrnehmen, knüpfen Sie an Ihre Ressourcen an. Sie entdecken, was Sie unterstützt. Sie erkennen, was Ihnen gelingt. Das wird dazu führen, dass Sie zuversichtlicher vorwärtsgehen. Auch so kommen

Sie in den »Vertrauenskreis«. *Rosa, eine Frau Anfang sechzig, die ich begleitete, formulierte als Ziel unserer Arbeit, dass sie einen Weg finden wolle zu mehr »innerem Frieden«. Das war für sie »ankommen«. Dazu gehörte für sie unter anderem, dass sie Konflikte mit ihrem Mann konstruktiv anging. Im Verlauf unserer Gesprächsreihe bat ich sie einmal, Fortschritt in Richtung ihres Zieles auf einer Skala von 0–10 einzustufen. Sie gab zur Antwort, dass sie ihrem Ziel »innerer Friede« von Stufe 4 am Anfang um drei Punkte näher gekommen und jetzt bei 7 sei. Ich fragte sie, wie sie sich diesen Fortschritt erkläre. Sie antwortete, sie habe, obwohl sie am Anfang skeptisch gewesen sei, die Erfahrung gemacht, dass sie in der Lage war, Initiative zu übernehmen und auf eine konstruktivere Weise mit ihrem Mann zu sprechen. Das habe dazu geführt, dass sich die Situation tatsächlich zu entspannen begann. Diese Erfahrung motiviere sie weiterzugehen.* Die Vergegenwärtigung positiver Erfahrungen und Resultate ermutigte Rosa, nach anfänglicher Skepsis vollends in den »Vertrauenskreis« einzusteigen.

Schließlich finden Sie auch in den »Vertrauenskreis«, indem Sie sich Phasen oder Momente in Ihrem Leben vergegenwärtigen, in denen Sie Vertrauen erfahren bzw. ein inneres Wissen wahrgenommen haben, dass es möglich ist, in erfreuliche Situationen zu gelangen. Auch dies wird dazu führen, dass Sie Ihrer aktuellen Situation anders zu begegnen beginnen. *Ich gab Andreas, Mitte vierzig, der darunter litt, arbeitslos geworden zu sein und mutlos war, die Aufgabe, eine Liste zu erstellen von Situationen in seiner Arbeitsbiografie, in denen er mit Vertrauen und Erfolg seine Arbeit gemacht hatte. Er solle einfach aufschreiben, was ihm in den Sinn komme. Andreas entdeckte, dass er jahrelang mit Freude, Vertrauen und auch Erfolg gearbeitet hatte. Dies bewirkte, dass er Mut fasste und seiner aktuellen Situation entschlossener und mit mehr Vertrauen begegnete.* Mit der Erinnerung an solche Momente aktivieren Sie das innere Wissen, dass es auch für Sie möglich ist, in positive Situationen zu gelangen. Dies wird Sie ermutigen, auch in der aktuellen Situation zu vertrauen.

Sie können von jedem Element aus in den »Vertrauenskreis« gelangen. Steigen Sie ein, wo es Ihnen am einfachsten fällt. Lassen Sie sich überraschen von dem, was sich daraus entwickelt.

Ein fortlaufender Prozess

Der »Vertrauenskreis« ist nie zu Ende. Durch Erfahrungen in diesem Kreis können Sie noch offener sein. Sie können weitere motivierende und hilfreiche Sicht- und Denkweisen entwickeln oder bisherigen noch mehr Raum geben. Sie können weitere und größere Schritte machen, noch mutiger handeln. Sie werden weitere Erfahrungen machen, Erfahrungen, die über das hinausführen, was Sie bisher erfahren und erreicht haben, für möglich hielten. Ihr Vertrauen wird immer stärker. Ein nicht endender konstruktiver Kreis hat begonnen.

Der »Vertrauenskreis« lässt sich auf weitere Lebensbereiche übertragen. Wenn Sie etwa den »Vertrauenskreis« in Bezug auf die Suche einer neuen Arbeitsstelle durchlaufen und dabei erfahren haben, erfreuliche Resultate zu erzielen und Vertrauen aufzubauen, werden Sie diese Erfahrung auch auf die Gestaltung von Beziehungen, das Finden einer neuen Wohnung, den Umgang mit Geld, die innerliche Vorbereitung auf Ihre Pensionierung usw. übertragen können. Damit erweitern und vertiefen Sie Ihre Erfahrung mit dem »Vertrauenskreis«. Der »Vertrauenskreis« prägt zunehmend Ihre Art, durchs Leben zu gehen.

Das Durchlaufen des »Vertrauenskreises« wird mit der Zeit immer leichter, schneller und intuitiver. Sie werden entdecken, dass das, was sich anfangs möglicherweise seltsam anfühlte, immer natürlicher und unmittelbarer abläuft. Sie werden feststellen, dass Sie immer schneller erkennen, wo Sie festlaufen und dies mit immer subtiler werdenden Maßnahmen korrigieren können. Sie werden beobachten, dass Sie immer weniger zu denken brauchen und immer intuitiver dem Kreis folgen. Es ist, wie wenn Sie ein Musikstück einüben: Irgendwann müssen Sie die einzelnen Noten nicht mehr lesen, das Stück nicht mehr analysieren – Sie machen Musik. Sie brauchen sich immer weniger daran zu erinnern, offen zu bleiben – Sie sind es. Sie müssen immer weniger aufmerksam sein, wie Sie wahrnehmen – konstruktive Sicht- und Denkweisen sind zur Selbstverständlichkeit geworden. Sie haben sich immer weniger zum Handeln zu ermutigen – die Schritte ergeben sich. Es ist immer weniger nötig zu erkunden, wie Sie aus Erfahrungen Vertrauen gewinnen – Sie erfahren es unmittelbar. Sie brauchen sich Momente von Vertrauen immer weniger zu vergegenwärtigen – Ihr Leben ist davon geprägt. Mit der Zeit pendeln Sie mühelos und fast simultan zwischen Offenheit, Wahrnehmen, Handeln, Erfahren und Vertrauen – Sie brauchen kaum zu denken, »es« macht scheinbar automatisch.

Die Essenz des »Vertrauenskreises« und die Essenz dieses Buches: Wahrnehmen, Handeln und Vertrauen beeinflussen einander

Beim Lesen werden Sie an Kapitel 1 und 2 erinnert worden sein. Im »Vertrauenskreis« kommen die drei Themen dieses Buches – Bereitschaft, genau hinzuschauen, Entschlossenheit und Mut, vorwärtszugehen, sowie Vertrauen, »anzukommen« – zusammen und bilden eine Einheit. Wahrnehmen, Handeln und Vertrauen beeinflussen und verstärken einander.

Im Zusammenhang mit dem Thema Vertrauen erhalten die Inhalte der Kapitel 1 und 2 noch zusätzliche Bedeutung: Genaues Hinschauen ermöglicht Ihnen nicht nur, Klarheit über Ihre Situation und Ihre Wahrnehmung zu schaffen. Es setzt Sie nicht nur in die Lage zu erkennen, dass Sie Ihre Wahrnehmung verändern können, und dies bei Bedarf zu tun. Es trägt auch wesentlich dazu bei, dass Vertrauen entsteht. Und: Entschlossenheit und Mut, vorwärtszugehen, ermöglichen Ihnen nicht nur, Veränderung selbstverantwortlich anzugehen. Es setzt Sie nicht nur in die Lage, Veränderung zu nutzen, um in eine Richtung vorwärtszukommen, die Ihnen entspricht. Es trägt ebenfalls wesentlich dazu bei, dass Vertrauen entsteht. Vertrauen wiederum lässt Sie mit mehr Leichtigkeit vorankommen. Im »Vertrauenskreis« wird noch deutlicher, wie elementar wichtig Wahrnehmung und Handeln für Ihr Vorwärtskommen sind.

3.3 Unterwegs im »Vertrauenskreis«

»Der ganze Lauf der Dinge wird uns Vertrauen lehren.«
Ralph Waldo Emerson

Wenn Sie den »Vertrauenskreis« verstanden haben und in diesen Kreis eingestiegen sind, bleibt nichts anderes zu tun, als diesem Kreis zu folgen. Dabei ist es nützlich, sich zu vergegenwärtigen, worum es bei jedem Element im Kern geht, was allenfalls Stolpersteine sein können und welche konkreten Schritte vorwärtsführen. Wurde in Kapitel 3.2 der »Vertrauenskreis« in seinen Grundzügen skizziert, so wird hier beschrieben, was in der praktischen Umsetzung konkret zu berücksichtigen ist.

Auch hier werden Sie Inhalten aus Kapitel 1 und 2 sowie aus dem bisherigen Kapitel 3 begegnen. Wenn Sie dem »Vertrauenskreis« folgen, beziehen Sie automatisch alle Elemente dieses Buches ein; im »Vertrauenskreis« werden diese miteinander verbunden und bilden eine Einheit. Wenn Sie also im Folgenden lesen, was beim Durchlaufen des »Vertrauenskreises« besonders wichtig ist, vergegenwärtigen Sie sich einerseits Bekanntes und verankern dies; vielleicht lesen Sie Kapitel 3.3 als Kompaktzusammenfassung dieses Buches. Andererseits liegt hier der Fokus darauf, welche spezifische Bedeutung bisherige Themen für das Unterwegssein im »Vertrauenskreis« haben und wie sie mit anderen Themen zusammenhängen. Dadurch ergeben sich neue Bezüge und verflechten sich die Inhalte des Buches zu einem Ganzen. Das, was Ihnen aus der bisherigen Lektüre bekannt ist, bekommt damit eine noch etwas andere Färbung und gewinnt zusätzlich an Bedeutung.

Sich öffnen

Sich öffnen bedeutet im »Vertrauenskreis«, offen zu sein für Lösungen. Es bedeutet, das Blickfeld zu erweitern und die Aufmerksamkeit sozusagen frei schwebend auf alles zu lenken, was vorwärtsführt. In der Essenz bedeutet dies, offen zu sein für die Lebensprinzipien, wie sie in Kapitel 3.1 beschrieben worden sind. Sie können letztlich nur offen sein für alles, was vorwärtsführt, wenn Sie davon ausgehen, dass es gute Wendungen geben kann in Ihrem Leben, dass das Leben klug eingerichtet ist und Sie über Talente verfügen, die Ihnen helfen, vorwärtszukommen. Wo Sie sich den beschriebenen Lebensprinzipien verschließen, werden Sie höchstens ansatzweise offen sein können. Ein möglicher Grund, sich nicht für diese Prinzipien zu öffnen, kann die Auffassung sein, das Leben sei alles andere als vertrauenswürdig. Die Beobachtung, wie Menschen mit sich selbst, miteinander und mit den Lebensgrundlagen umgehen, lässt in der Tat diese Lebensprinzipien nicht immer sofort ersichtlich werden. Es ist wichtig, diese Prinzipien nicht zu verwechseln mit dem, wie Menschen mit dem Leben umgehen. Wir Menschen haben ein Bewusstsein und einen Willen, die uns ermöglichen, die Lebensprinzipien sowie das, was uns das Leben mitgegeben hat, zu erkennen und intelligent zu nutzen oder auch nicht. Viele Menschen haben sich von den Lebensprinzipien abgekoppelt und lassen brachliegen, was in ihnen angelegt ist. Phänomene wie Stress, Problemorientierung, Unzufriedenheit, Ungleichgewicht, Mangel, Eifersucht, Gewalt usw. sind nicht Ausdruck der beschriebenen Lebensprinzipien, sondern Resultat einer Abkoppelung davon. Wenn Sie sich dessen bewusst sind, dürfte es für Sie einfacher sein, sich mit den beschriebenen Prinzipien zu beschäftigen und sich dafür zu öffnen. Sie werden sich nicht einschüchtern lassen von Menschen, die die Orientierung an diesen Prinzipien für naiv halten oder abwerten. Damit werden Sie auch stets offener sein für Lösungen.

Offenheit für Lösungen beinhaltet beim Durchlaufen des »Vertrauenskreises« konkret:

- *Offenheit für die beschriebenen Lebensprinzipien.* Sie beschäftigen sich mit diesen Prinzipien, sensibilisieren Ihre Wahrnehmung dafür und finden Ihren eigenen Zugang dazu. Sie finden heraus, was Sie allenfalls davon abhält, sich diesen Prinzipien zu öffnen. Sie überprüfen kritisch, wie sich dies auswirkt, und ziehen daraus Folgerungen fürs Weitergehen.
- *Offenheit für Ihre Ideen, Talente, Kenntnisse und Erfahrungen.* Sie nehmen im Alltag aufmerksam wahr, wo inspirierende Ideen auftauchen, Dinge leicht von der Hand gehen, wo Sie begeistert sind, Zeit vergessen, auf Ihre Kompetenz und Erfahrungen zurückgreifen. Sie achten darauf, wo Selbstzweifel, Selbstablehnung oder auch Vergleiche mit anderen Ihre Offenheit beeinträchtigen.
- *Offenheit für das Wann, Wo und Wie des »Ankommens«.* Sie öffnen sich für Lösungen jenseits dessen, was Sie jetzt sehen, kennen, wissen, für möglich halten, sich vorstellen können. Sie akzeptieren, dass Dinge sich anders entwickeln können als erwartet – möglicherweise besser! –, und bleiben aufmerksam für das, was jetzt ist. Sie erinnern sich daran, dass es genügt, vorwärtszugehen und offen zu bleiben. Sie üben sich darin auszuhalten, noch nicht zu wissen, wohin Sie vom Leben geführt werden. Sie achten darauf, wo Sie Dinge erzwingen wollen.

Wenn Sie sich öffnen, werden Sie stets mehr erkennen, *was* Sie vorwärtskommen lässt. Sie werden stets mehr vertrauen, *dass* Sie vorwärtskommen.

Wahrnehmen

Wahrnehmen bedeutet im »Vertrauenskreis«, eine motivierende und hilfreiche Wahrnehmung zu entwickeln. Im Kern ist dies damit verbunden, eine motivierende und hilfreiche Lebensorientierung zu entwickeln. In Kapitel 1.2 haben Sie sich dafür sensibilisiert, dass Ihre Wahrnehmung mit Ihrer Lebensorientierung zusammenhängt. Sie können letztlich nur eine förderliche Wahrnehmung entwickeln, wenn Sie zugleich Ihre Lebensorientierung einbeziehen und wo nötig Korrekturen vornehmen. Wenn Sie Orientierungen aufrechterhalten, die sich als nicht hilfreich erweisen, werden konstruktive Sicht- und Denkweisen untergraben. Es entsteht so etwas wie ein Wackelkontakt: Sie wollen förderliche Sicht- und Denkweisen entwickeln, werden dabei aber beeinträchtigt durch alte »Leitplanken«. Dieser »Wackelkontakt« hält so lange an, bis Sie erkennen, dass solche »Leitplanken« im Spiel sind, und sich bewusst werden, welche dies sind. Es ist wichtig, sich daran zu erinnern, dass Ihre Lebensorientierung nicht die Wirklichkeit ist, sondern Ihre ein Leben lang entwickelte Sicht der Wirklichkeit. Damit haben Sie den Schlüssel in der Hand, nicht hilfreiche Orientierungen als das zu erkennen, was sie sind: nicht hilfreiche Orientierungen, die geändert werden können. Dies setzt Sie nicht nur in die Lage, konstruktive Sicht- und Denkweisen zu entwickeln, sondern auch, diese nach und nach zu Ihren neuen Orientierungen werden zu lassen.

Eine motivierende und hilfreiche Wahrnehmung beinhaltet beim Durchlaufen des »Vertrauenskreises« konkret:

- *Sehen und akzeptieren, was jetzt ist.* Sie schauen genau hin, verschaffen sich Klarheit über Ihre Situation und Ihre Wahrnehmung dieser Situation, wie es Ihnen aus Kapitel 1 bekannt ist. Sie sehen, was Sie beeinflussen können und was nicht in Ihrer Hand liegt. Sie nehmen dies an als das, was jetzt ist. Durch genaues Hinschauen und Annahme entsteht Raum für Lösungen. Sie achten darauf, wo Sie sich ablenken oder auflehnen.
- *Sehen, was motiviert vorwärtszugehen.* Sie erkunden, was Ihre Motivation mobilisiert vorwärtszugehen, Verantwortung für Ihre Entwicklung zu übernehmen und zu handeln. Sie erkennen, was es sinnvoll macht loszuziehen. Sie orientieren sich an dem, was das Leben für Sie lebenswert macht – auch wenn es im Moment noch so wenig Erfreuliches geben mag. So lenken Sie Ihren Blick über die aktuelle Situation

hinaus und erschließen sich (wieder) den Zugang zu Ihrer Lebenskraft. Sie achten darauf, wo Überzeugungen im Spiel sind, wonach Sie Ihr Leben nicht in die Hand nehmen können.

- *Sehen, was motivierend und hilfreich ist.* Sie orientieren sich konsequent an dem, was förderlich ist – so wie es Ihnen aus Kapitel 1 und 2 bekannt ist. Sie richten Ihre Aufmerksamkeit bewusst immer wieder auf alles, was Sie unterstützt – Erkenntnisse, Erfahrungen, Fähigkeiten, Tätigkeiten, Menschen, Umstände usw. Sie üben sich darin, konstruktiven Sicht-, Denk- und Handlungsweisen stets mehr Raum zu geben. Sie nehmen wahr, wo Sie sich von dem absorbieren lassen, was nicht motivierend und nicht hilfreich ist.

Wenn Sie sich darin üben, eine motivierende und hilfreiche Wahrnehmung zu entwickeln, werden Sie vermehrt produktiv handeln. Sie werden stets mehr vertrauen, dass Sie Ihre Wahrnehmung in positiver Weise verändern können und dass dies Ihre ganze Situation positiv beeinflusst.

Handeln

Handeln ist im »Vertrauenskreis« ein Handeln, das auf einen motivierenden Horizont ausgerichtet ist. In der Essenz heißt dies, Ihren eigenen, Ihnen entsprechenden Weg zu gehen, immer mehr zum Ausdruck zu bringen, was in Ihnen angelegt ist. In Kapitel 2.1 wurde ein motivierender Horizont als ein Horizont beschrieben, der damit zu tun hat, wer Sie sind. Indem Sie Ihr Handeln entsprechend ausrichten, gehen Sie einen zu Ihnen passenden Weg. Dies ist letztlich aber nur möglich, wo Sie den Mut dazu aufbringen. Es gibt verschiedene Gründe, warum Menschen nicht Kurs nehmen auf ihren Horizont, in Kapitel 2.4 wurden bereits einige genannt: Möglicherweise ist ihnen ihr Horizont nicht klar. Vielleicht sind sie auf einen Horizont ausgerichtet, den sie bei anderen bewundern oder von dem sie sich Erfolg versprechen. So entscheidet sich beispielsweise jemand für einen

Beruf, weil dieser mit Prestige und hohem Einkommen verbunden ist – und nicht, weil er den eigenen Talenten und Interessen entspricht. Manchmal zögern Menschen, Kurs zu nehmen auf ihren Horizont, weil sie sich von der Anerkennung anderer abhängig machen, weil sie Sanktionen befürchten, wenn sie ihren eigenen Weg gehen. Schließlich können Vergleich und Wettbewerb vom eigenen Weg ablenken. Die Aufmerksamkeit liegt dann darauf, was andere machen. Es ist wichtig zu erkennen, dass Sie sich Ihrem Horizont nur annähern, Ihre Talente nur zum Ausdruck bringen können, wenn Sie sich vollständig darauf konzentrieren, diese zu entdecken und etwas damit zu machen. Dies befähigt Sie, Ihren eigenen Weg zu gehen und alle damit verbundenen, in Kapitel 2.3 beschriebenen Etappen zu durchlaufen.

Ein Handeln, das auf einen motivierenden Horizont ausgerichtet ist, beinhaltet beim Durchlaufen des »Vertrauenskreises« konkret:

- *Mut, Neues zu wagen und Unsicherheit auszuhalten.* Sie nehmen sich an der Hand und wagen den Sprung ins Unbekannte – weil Sie Kurs nehmen auf Ihren Horizont. Sie wagen es, dafür sichere Ufer hinter sich zu lassen. Sie bieten Ängsten, zu scheitern, es nicht zu schaffen, blöd dazustehen, die Stirn. Sie achten darauf, wo Sie sich von der Angst vor Risiken oder dem Bedürfnis nach Absicherung leiten und von Ihrem Horizont ablenken lassen.
- *Den eigenen Weg im eigenen Tempo gehen.* Sie gestehen sich zu, im eigenen Tempo vorwärtszugehen. Sie vergegenwärtigen sich, dass Prozesse nicht schneller laufen, wenn Sie Druck machen, hetzen – im Gegenteil. Sie erinnern sich daran, dass Dinge am besten wachsen und reif werden, wenn sie die dazu erforderliche Zeit bekommen. Sie reden sich *nicht* ein, Sie hätten keine Zeit, Sie könnten es sich nicht leisten, im eigenen Tempo vorwärtszugehen. »*Bist du in Eile, so geh langsam*«, erinnert ein chinesisches Sprichwort. Das Paradox: So kommen Sie am schnellsten voran.

- *Konzentration auf das hier und jetzt Mögliche und den nächsten Schritt.* Sie konzentrieren sich auf das, was Sie als Nächstes tun können. *Marion Bartoli, eine französische Tennisspielerin, die 2007 im Turnier von Wimbledon im Halbfinale überraschend die Weltranglistenerste besiegt hatte und ins Finale einzog, antwortete den Medien auf die Frage, ob es sie nicht eingeschüchtert hätte, dass ihr Gegenüber die beste Tennisspielerin der Welt war: Nein, sie habe sich einfach immer auf den nächsten Ball konzentriert.* Hätte sich Marion Bartoli während dem Spiel damit beschäftigt, wen sie gegenüber hatte, oder damit, was vorher war und was nachher sein würde, hätte sie sich in ihrer Unbefangenheit, aber auch in ihrer Konzentration behindert. Sie konzentrierte sich stattdessen auf das Jetzt, auf den nächsten Ball. So gewann sie das Spiel und damit das Vertrauen, dass es möglich ist, gegen die Weltranglistenerste zu gewinnen. Also: Immer der nächste Ball. Immer der nächste Schritt.
- *Sich zugestehen, Erfahrungen zu sammeln, Fehler zu machen und bei Bedarf neu zu entscheiden.* Sie wissen: Auf einer Wanderung stolpert man manchmal, verstaucht sich vielleicht sogar einen Fuss. Den eigenen Weg zu gehen ist nicht eine Übung im Labor. Zwei Schritte nach vorne und einen zurück, das gehört dazu. Sie gestehen sich dies zu und sind dadurch in der Lage, Fehler, Missgeschicke, ungünstige Entscheidungen zu erkennen und es anschließend anders zu machen. Sie gestehen sich zu, einen neuen Weg einzuschlagen, sollte sich zeigen, dass der bisherige in eine Sackgasse führt. Es gibt *mehrere* Wege, die zum Horizont führen. Wenn sich der bisherige als ungeeignet erweist, entscheiden Sie sich für einen anderen.

Wenn Ihr Handeln auf Ihren motivierenden Horizont ausgerichtet ist, legen Sie den Boden für ermutigende Erfahrungen und erfreuliche Resultate. Sie werden immer mehr darauf vertrauen, dass Sie die Entwicklung Ihres Lebens positiv beeinflussen können.

Erfahren

Erfahren bedeutet im »Vertrauenskreis«, Erfahrungen und Resultate bewusst wahrzunehmen, dabei besonders auf Ermutigendes zu achten, Entmutigendes aber nicht auszublenden. Im Kern bedeutet dies, dass Sie erkennen, dass Erfahrungen und Resultate Ihnen nicht nur wichtige Rückmeldungen darüber geben, wie Sie unterwegs sind, sondern auch wesentlich daran beteiligt sind, ob Vertrauen entsteht. Wo Sie bewusst auf ermutigende Erfahrungen und Resultate achten, schöpfen Sie daraus Zuversicht und erhalten Informationen, wie Sie weitergehen können. Ein Grund, warum Menschen kein Vertrauen aufbauen, kann sein, dass sie ermutigende Erfahrungen und Resultate nicht beachten; sie eilen ungestüm vorwärts, richten ihren Blick hauptsächlich auf das, was nicht gut läuft, werten Erfreuliches ab oder interpretieren Erfahrungen und Resultate immer wieder negativ. Damit wird Vertrauen untergraben. Natürlich kann es auch entmutigende Erfahrungen und Resultate geben. Dem »Vertrauenskreis« folgen ist keine Garantie dagegen. Es ist wichtig, solche Erfahrungen und Resultate zu sehen – ohne dabei hängen zu bleiben oder entmutigt aufzugeben. Schlechte Erfahrungen und unbefriedigende Resultate können das Unterwegssein im »Vertrauenskreis« erheblich beeinträchtigen, sind aber kein Grund, aus diesem Kreis auszusteigen. Sie sind vielmehr Anlass, erneut genau hinzuschauen – wie Ihnen dies etwa aus Kapitel 2.3 in Bezug auf den Umgang mit Hindernissen bekannt ist. Auch hier gilt: Wo Sie aufgrund ehrlicher Analyse zum Schluss kommen, dass Sie beim besten Willen nichts erkennen können, was darauf hinweist, dass Sie anders vorwärtsgehen sollten – dann gehen Sie weiter. Geben Sie schlechten Erfahrungen und unbefriedigenden Resultaten nicht die Macht über Ihren Weg. Richten Sie sich erneut auf Ihren Horizont aus und machen Sie die nächsten Schritte. Und beachten Sie Erfahrungen und Resultate, die Ihr Vertrauen stärken.

Erfahrungen und Resultate wahrzunehmen beinhaltet beim Durchlaufen des »Vertrauenskreises« konkret:

- *Erfahrungen und Resultate überhaupt wahrnehmen.* Sie halten immer wieder inne und vergegenwärtigen sich den Weg, den Sie zurückgelegt, die Erfahrungen, die Sie gemacht, die Resultate, die Sie erreicht haben. Sie achten auch auf Veränderungen in Ihrer Befindlichkeit.
- *Ermutigende Erfahrungen und Resultate erkennen und wertschätzen.* Sie achten bewusst auf Erfahrungen und Resultate, die Zeichen sind von Fortschritt, die Sie darin bestärken weiterzugehen. Sie bringen auch kleinsten, scheinbar unwichtigen Verbesserungen Wertschätzung entgegen. Sie nehmen auch positive Erfahrungen und Resultate wahr, die nicht direkt mit der aktuellen Veränderung zu tun haben. Nichts ist unwichtig, was darauf hindeutet, dass Sie vorankommen, und Ihr Vertrauen stärkt. Sie achten aber auch darauf, wo Sie jede Erfahrung negativ interpretieren, Fortschritt abwerten, Ihren Blick immer wieder darauf richten, was Sie noch nicht erreicht haben.
- *Entmutigendes nicht ausblenden.* Sie achten auch auf Erfahrungen und Resultate, die Sie veranlassen, Dinge noch anders anzupacken. Sie erkunden, wie Sie dazu beitragen können, dass es zu anderen Erfahrungen und Resultaten kommen kann.

Wenn Sie sich darin üben, achtsam zu sein für Ihre Erfahrungen und Resultate, werden Sie zunehmend ein inneres Wissen aufbauen, dass Sie »ankommen« werden. Sie werden stets mehr vertrauen, dass Sie in positive neue Situationen gelangen werden.

Vertrauen

Vertrauen bedeutet im »Vertrauenskreis«, ein inneres Wissen aufzubauen, dass Sie »ankommen« werden. In der Essenz heißt dies, dass Vertrauen, wie es in Kapitel 3.1 beschrieben wurde, immer mehr zum Tragen kommt in Ihrem Leben. Sie können letztlich nur Vertrauen entwickeln, wenn Ihre Ideen, Talente und Kenntnisse immer mehr Raum bekommen, wenn Sie wissen und erfahren, dass es Lösungen gibt, und wenn Sie sich daran orientieren, dass es genügt, bewusst wahrzunehmen, entschlossen und mutig zu handeln und offen zu bleiben. Vertrauen kann letztlich nur wachsen, wenn Sie nicht nur offen sind für die in Kapitel 3.1 beschriebenen Lebensprinzipien, sondern wenn diese immer mehr Bestandteil Ihres Lebens werden. Schließlich kann Vertrauen nur gedeihen, wenn Sie sich darin üben, mit dem Leben zusammenzuarbeiten, also aktiv sind, ohne Dinge erzwingen zu wollen. Ein Grund, warum Vertrauen nicht zum Tragen kommt, kann sein, dass bisherige Schritte im »Vertrauenskreis« nicht oder zu wenig umgesetzt wurden oder dass dabei Wichtiges übersehen wurde. Dann gilt es, dies zu ändern. Ein anderer Grund kann aber auch sein, dass wachsendes Vertrauen nicht wahrgenommen wird.

Vertrauen entwickeln beinhaltet beim Durchlaufen des »Vertrauenskreises« konkret:

- *Die anderen Elemente im »Vertrauenskreis« berücksichtigen wie dies beschrieben wurde.*
- *Wachsendes Vertrauen wahrnehmen.* Sie nehmen Momente wahr, in denen Sie mehr in Ihre Talente, Kenntnisse und Erfahrungen vertrauen, in denen Sie zuversichtlicher sind, dass es Lösungen gibt, und Sie in Situationen gelangen werden, die Ihrem Horizont entsprechen.
- *Achtsamkeit für Momente inneren Wissens.* Sie nehmen Momente wahr, in denen Sie plötzlich *wissen*, was Sie jetzt zu tun haben. Sie sind achtsam für Momente, in denen Sie intuitiv *wissen*, dass in Erfüllung gehen kann, was Ihrem Horizont entspricht. Das können sehr kurze Augenblicke sein. Es sind Augenblicke, die Sie nicht vergessen.
- *Wahrnehmen, wie sich wachsendes Vertrauen im Alltag auswirkt.* Sie beobachten, wie Sie offener werden, freier und mutiger handeln, zuversichtlicher und gelöster sind, mehr Leichtigkeit spüren, mit weniger Kraftaufwand mehr erreichen. Sie nehmen wahr, wenn sich Lösungen immer häufiger scheinbar wie von selbst ergeben. Sie erkennen solche

Momente als Resultat Ihres Vorwärtsgehens im »Vertrauenskreis« und als Ausdruck wachsenden Vertrauens.

Sie sind am Ende des »Vertrauenskreises« angekommen. Sie wissen nun, was Vertrauen fördert. Sie wissen, wie Sie Vertrauen Raum geben können. Doch das Ende ist ein neuer Anfang. Der »Vertrauenskreis« ist nie zu Ende. Haben Sie den Mut weiterzugehen.

In Abbildung 13 ist zusammengefasst, was beim Unterwegssein im »Vertrauenskreis« wichtig ist.

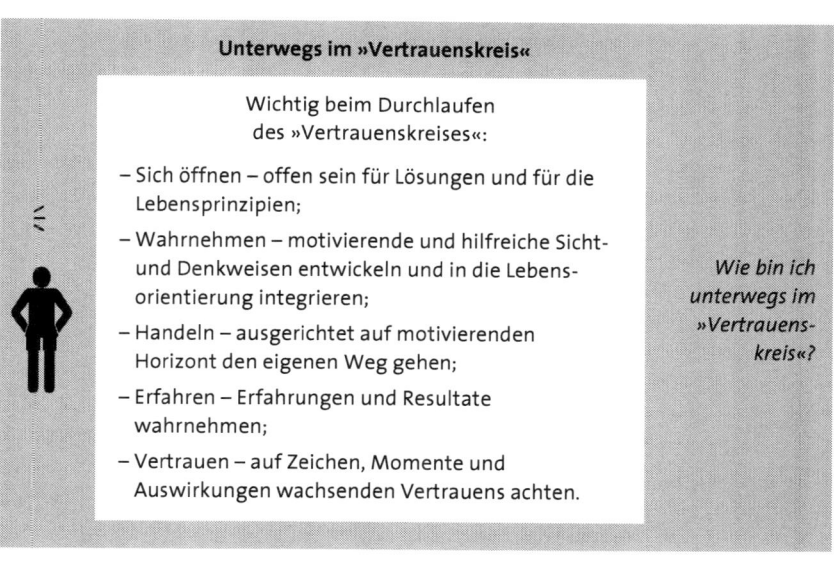

Abbildung 13

3.4 Schlüsselfrage: Gebe ich wirklich Vertrauen Raum?

»*Das Leben sollte kein Kampf sein.*«
Talane Miedaner

Nun fragen Sie vielleicht: Wie erkenne ich, ob ich wirklich Vertrauen entwickle und nicht Wunschdenken? Wie unterscheide ich Offenheit von Naivität, vertrauendes Wachsenlassen von passivem Abwarten?

Wie in Kapitel 1 und 2 gibt es auch hier eine Schlüsselfrage, die Sie Ihre Antwort finden lässt. Diese Frage lautet: Gebe ich wirklich Vertrauen Raum?

Dass Sie Vertrauen Raum geben, erkennen Sie an folgenden Merkmalen:

- *Sie beziehen Vertrauen als Thema in Ihr Vorwärtsgehen ein.*
- *Die fünf Elemente des »Vertrauenskreises« sind Teil Ihres Alltags.* Sie sind offen, aufnahmefähig, interessiert an dem, was um Sie herum geschieht. Es fällt Ihnen zunehmend leichter, zu entscheiden und entschlossen zu handeln. Sie kommen vorwärts, erkennen Fortschritt und Verbesserung, wenn vielleicht auch nicht immer so schnell und auf die Weise, wie Sie gedacht und gewünscht haben. Sie haben Erfolgserlebnisse und erzielen Resultate, die Sie ermutigen. Sie spüren, wie Ihr Vertrauen wächst. Sie erleben Momente inneren Wissens.
- *Sie können Dinge besser nehmen, wie sie sind, und setzen sich zugleich engagiert für eine positive Veränderung ein.* Sie können besser mit Enttäuschungen und Rückfällen umgehen. Es fällt Ihnen leichter dranzubleiben. Sie halten Situationen besser aus, in denen Sie noch nicht wissen, wann, wo und wie Sie »ankommen«.
- *Ein zunehmendes Gefühl von Leichtigkeit und Zuversicht begleitet Sie im Alltag.* Sie sind zunehmend entspannter. Sie erleben Momente, in denen Sie heiter sind, obwohl vielleicht

noch lange nicht alles optimal ist. Sie erfahren stets mehr, was im Zitat am Anfang dieses Kapitels zum Ausdruck kommt: dass das Leben tatsächlich kein Kampf zu sein braucht.

Wenn Sie Vertrauen Raum geben – weitergehen

Wenn Sie erkennen, dass Sie Vertrauen in diesem Sinne Raum geben – einfach weiter so! Sie dürfen davon ausgehen, dass Sie Vertrauen nicht mit Wunschdenken, Naivität, passivem Abwarten verwechseln. Warum? Weil jedes der Elemente im »Vertrauenskreis« dazu beiträgt: Offenheit für Lösungen gründet nicht in einem naiven »Es wird schon irgendwie gut«, sondern im Verstehen der Lebensprinzipien, die in Kapitel 3.1 beschrieben wurden. Motivierende und hilfreiche Sicht- und Denkweisen sind gebunden an Klarheit über die eigene Situation. Genaues Hinschauen erschwert es, sich etwas vorzumachen. Bewusstes Wahrnehmen schließt Naivität aus. Entschlossenes Handeln schließt aus, dass Sie Luftschlösser bauen oder passiv auf bessere Zeiten warten. Zugleich trägt das Element der Offenheit dazu bei, dass entschlossenes Handeln nicht verwechselt wird mit einem Erzwingenwollen bestimmter Resultate. Ermutigende Erfahrungen und Resultate sind schließlich Nahrung für Vertrauen. Nicht ermutigende Erfahrungen und Resultate sind Anlass, erneut genau hinzuschauen. Mit der Bereitschaft dazu geben Sie Vertrauen Raum. Wo Sie die ersten vier Elemente des »Vertrauenskreises« berücksichtigen, dürfen Sie also davon ausgehen, dass die wachsende Gewissheit, dass es möglich ist »anzukommen«, Ausdruck ist von Vertrauen und nicht von Wunschdenken. Sie dürfen davon ausgehen, dass Sie Vertrauen nicht mit Naivität oder passivem Abwarten verwechseln. Gehen Sie weiter und freuen Sie sich an Zeichen Ihres Vorwärtskommens. Denken Sie daran, dass es sich um einen nicht endenden Prozess handelt. Gestehen Sie sich Rückfälle und Momente der Enttäuschung oder Frustration zu. Und bleiben Sie dran.

Wenn Sie Vertrauen *nicht* Raum geben – innehalten

Wo Sie aber bei der Antwort zögern – halten Sie inne. Erkunden Sie, wo es klemmt.

Folgende Merkmale deuten darauf hin, dass Sie Vertrauen keinen Raum geben:

- *Vertrauen ist kein Thema für Sie.* Möglicherweise halten Sie dies für unnötig. Oder Sie stehen dem Thema skeptisch gegenüber.
- *Sie haben sich nicht entschieden, in den »Vertrauenskreis« einzusteigen.* Es kann sein, dass Sie diesen Kreis nicht völlig verstanden haben. Vielleicht halten Sie Ablenkungsmanöver oder Alibis davon ab, in diesen Kreis einzusteigen.
- *Sie sind im »Vertrauenskreis« ins Stolpern geraten.* Möglicherweise gelingt es Ihnen noch nicht so gut, wirklich offen zu sein; Sie sehen etwa nur *eine* Lösung, *einen* Weg und verbauen sich dadurch Alternativen. Vielleicht halten Sie an Sicht- oder Handlungsweisen fest, obwohl sich diese als nicht förderlich erweisen. Es kann sein, dass positive Erfahrungen auf sich warten lassen. Oder dass Sie Erfahrungen immer wieder negativ interpretieren, erfreuliche Resultate abwerten. Vielleicht lassen Sie sich durch schlechte Erfahrungen entmutigen.

Mit folgenden Maßnahmen können Sie dies ändern:

- *Klären Sie, was es für Sie sinnvoll machen könnte, sich mit dem Thema Vertrauen zu beschäftigen.* Entwickeln Sie ein Verständnis von Vertrauen, das Ihnen entspricht und das Ihnen erlaubt, dem »Vertrauenskreis« zu folgen. Vielleicht wollen Sie auf Kapitel 3.1 zurückgreifen.
- *Vertiefen Sie Ihr Verständnis des »Vertrauenskreises«.* Lesen Sie nochmals Kapitel 3.2 und 3.3. Überprüfen Sie den »Vertrauenskreis« im Alltag. Wie wirkt es sich aus, wenn Sie sich öffnen? Was geschieht, wenn Sie auf förderliche Weise wahrnehmen und handeln? Wozu haben Sie positive Erfahrungen

veranlasst? Je mehr Sie erkennen, dass und wie die Elemente des »Vertrauenskreises« sich positiv auswirken, desto eher werden Sie diesem Kreis folgen wollen.
- *Finden Sie heraus, wie Sie anders vorwärtsgehen können.* Erkunden Sie Momente und Situationen, in denen Sie ins Stolpern geraten. Was denken und tun Sie? Finden Sie heraus, was Ihnen hilft, offener zu sein. Probieren Sie eine neue Sicht- oder Handlungsweise aus. Üben Sie sich darin, Erfahrungen noch anders anzuschauen und zu interpretieren. Sammeln Sie Ideen, wie Sie sich nach entmutigenden Erfahrungen aufbauen können.

In den meisten Fällen werden Sie mit wachsender Sensibilität, genauem Hinschauen und genügend Ausdauer herausfinden, wo es klemmt, und mit zunehmender Übung immer besser in der Lage sein, wo nötig Korrekturen vorzunehmen. Erinnern Sie sich daran, dass es sich um einen Prozess handelt, der seine Zeit erfordert – setzen Sie sich nicht unter Druck und erwarten Sie nicht, dass alles sofort perfekt ist. Bleiben Sie dran.

Und wenn Sie trotz aller Bereitschaft und Motivation nicht vom Fleck kommen? Wenn Sie doch immer wieder zu ähnlich unerfreulichen Resultaten, in ähnlich unbefriedigende Situationen gelangen? Wenn sich kein Vertrauen entwickelt?

Dann kann ein »wunder Punkt« im Spiel sein. Was ist das? Und was können Sie in diesem Fall tun?

Ein »wunder Punkt« ist eine mentale Verletzung, die aufgrund meist weit zurückliegender schlechter Erfahrungen entstanden ist und bis in die Gegenwart Wahrnehmen und Handeln wesentlich beeinflussen kann. Möglicherweise haben Sie als Kind immer wieder erfahren, dass Sie nichts recht machen konnten; Sie wurden immer wieder kritisiert, zurechtgewiesen. Solche Erfahrungen können zu Orientierungen geführt haben, die Sie noch heute beeinträchtigen und die Sie auch im »Vertrauenskreis« ins Stolpern bringen. Im genannten Beispiel könnte eine solche Orientierung etwa lauten: »Ich kann es niemals recht machen!« Eine solche Orientierung führt zu entsprechendem Handeln und höchstwahrscheinlich immer wieder neu zur Erfahrung, es nicht recht machen zu können. Sie sind in einer negativen Spirale. Sie erfahren immer wieder ähnlich Unerfreuliches, gelangen immer wieder in ähnlich demotivierende Situationen. Wie die Nadel eines altmodischen Schallplattenspielers, die bei einem Kratzer in der Schallplatte stecken bleibt und immer wieder dieselbe Stelle wiederholt, bleiben Sie bei Ihrem »wunden Punkt« hängen. Ein »wunder Punkt« unterscheidet sich von anderen Stolpersteinen dadurch, dass es immer wieder das Gleiche ist, was ins Stolpern bringt: Nicht mal dies, mal jenes, sondern immer wieder die gleichen Gedanken, Handlungen und Erfahrungen und damit auch immer wieder die gleichen Situationen.

Schlechte Erfahrungen können, müssen aber nicht zu einem »wunden Punkt« führen. Das zeigt das Beispiel von Florian.

Fallgeschichte

Florian, heute Ende vierzig, ist dyslektisch, das heißt, er hat eine Lesestörung, er vertauscht beim Lesen Buchstaben oder Zahlen miteinander. In seiner Kindheit wurde dies nicht erkannt – vielmehr wurde Florian insbesondere von einem Lehrer für dumm gehalten und in verletzender Weise behandelt. So etwas kann zu einem »wunden Punkt« werden: Florian hätte die Meinung des Lehrers, er sei dumm, übernehmen und zur eigenen Orientierung werden lassen können. Die Lesestörung hätte dies zusätzlich verstärken können; jedes Mal, wenn er etwas falsch gelesen und damit nicht richtig verstanden hätte, hätte er dies als Bestätigung erfahren können, dumm zu sein. Leicht hätte er so in eine negative Spirale geraten können. Die Meinung, dumm zu sein, hätte sein Handeln und seine Entwicklung bestimmen und dazu führen können, dass Florian seine Talente nicht nutzte. Entmutigt durch die damit zusammenhängenden Erfahrungen, hätte er so ohne Selbstvertrauen durch sein Leben ziehen können – ohne sich zu erinnern oder zu verstehen, wie es zu diesem Muster gekommen war. Florian ist es aber glücklicherweise, auch dank der Unterstützung seiner Eltern, gelungen, nicht in diese Spirale zu geraten. Seine Eltern förderten seine Talente. Damit machte er auch ganz andere, positive Erfahrungen. Er wusste inzwischen auch, dass er zwar eine Lesestörung hat, aber überhaupt nicht dumm ist. Heute ist er Familienvater und arbeitet engagiert in leitender Funktion.

Es gibt aber viele Tausende von Florians, bei denen ähnlich verletzende Erfahrungen zu einem »wunden Punkt« geworden sind, weil sie diesen Erfahrungen nicht genügend andere entgegenstellen konnten, wie es bei Florian der Fall war. Sie halten möglicherweise ein Leben lang an Orientierungen fest, die aufgrund dieser Erfahrungen entstanden sind – ohne jemals genau zu überprüfen und zu verstehen, wie es dazu gekommen ist. Die Erinnerung an die ursprünglichen verletzenden Erfahrungen ist verblasst, doch Wahrnehmen und Handeln sind noch stets davon beeinflusst. Selbst Erfolge und positive Erfahrungen führen häufig nicht dazu, dass die destruktiven Orientierungen kritisch untersucht werden. Solche Menschen stolpern auch im »Vertrauenskreis« über ihren »wunden Punkt«.

Ein »wunder Punkt« ist nichts Außergewöhnliches. Wir alle haben verletzende Erfahrungen gemacht und daraus Sichtweisen und Überzeugungen entwickelt, die nicht günstig sind, die uns beeinträchtigen. Wichtig ist, sich bewusst zu sein, dass es solche »wunden Punkte« gibt, zu begreifen, wie sie entstehen, und aufmerksam zu sein, wo sie möglicherweise das Vorwärtskommen beeinträchtigen oder gar verhindern.

Es ist niemals zu spät, einem »wunden Punkt« Macht zu entziehen. Ein »wunder Punkt« muss nicht das ganze Leben überschatten. Auch wenn Sie nicht wie Florian das Glück hatten, dass dem Entstehen eines »wunden Punktes« schon an der Wurzel entgegengesteuert wurde, können Sie dies durchaus auch noch viel später tun. Sie brauchen nicht den Mut zu verlieren. Ein »wunder Punkt« bedeutet nicht, dass Sie nicht dem »Vertrauenskreis« folgen können. Ein »wunder Punkt« macht es aber erforderlich, dass Sie erkennen, wo Sie hängen bleiben, und dass

Sie Ihr Wahrnehmen und Handeln neu ausrichten. Nehmen Sie wahr, wo Sie immer wieder festlaufen, immer wieder empfindlich reagieren, immer wieder ausweichen, mutlos werden oder auch kämpfen. Haben Sie den Mut zu erkunden, was dort genau abläuft: Sind immer wieder die gleichen Gedanken und Überzeugungen im Spiel? Warum denken Sie so? Zu welchen Handlungen veranlasst Sie dieses Denken? Überprüfen Sie, ob Ihr Wahrnehmen und Handeln heute angemessen ist und Sinn macht. Die einem »wunden Punkt« zugrunde liegenden Erfahrungen können Sie nicht rückgängig machen – aber Sie können sich darin üben, Ihr Wahrnehmen und Handeln stets weniger davon beeinflussen zu lassen. Der Kratzer in der Schallplatte bleibt – doch Sie können die Nadel des Plattenspielers über die kritische Stelle hinwegheben. Nehmen Sie den »wunden Punkt« wahr – aber lassen Sie nicht weiter Ihr Leben davon bestimmen. Sie können neue Orientierungen entwickeln. Wenn Sie das lange genug machen, machen Sie mehr und mehr neue Erfahrungen – mit der Zeit wird die Macht eines »wunden Punktes« abnehmen.

Wenn Sie trotz Bereitschaft, Motivation, konkreter Schritte und auch über längere Zeit im »Vertrauenskreis« immer wieder festlaufen, möchte ich Sie ermuntern, professionelle Unterstützung in Anspruch zu nehmen. Eine Fachperson kann Ihnen helfen, sich eines »wunden Punktes«, seiner Entstehung sowie der damit verbundenen Denk- und Handlungsweisen bewusst zu werden. Sie kann Sie unterstützen, neue Orientierungen einzuüben und neue Erfahrungen zu machen.

3.5 Anregungen

> »*In jedem von uns steckt ein König.*
> *Sprich zu ihm, und er wird hervorkommen.*«
> Skandinavisches Sprichwort

Wenn Sie die Schlüsselfrage angeregt hat, sich noch mehr mit dem Thema Vertrauen auseinanderzusetzen und dem »Vertrauenskreis« zu folgen, dann lade ich Sie hier mit weiteren Impulsen dazu ein, dies Schritt für Schritt zu tun. Das heißt in diesem dritten Kapitel im Kern: Wie steige ich in den »Vertrauenskreis« ein und wie folge ich diesem Kreis?

Wie aus Kapitel 3.1 bis 3.4 deutlich wird, spielen fünf Elemente eine wichtige Rolle:

- *Vertrauen als Thema einbeziehen:* Sie klären Ihr Verständnis und den Stellenwert von Vertrauen in Ihrer Situation.
- *In den »Vertrauenskreis« einsteigen:* Sie setzen sich mit den Elementen des »Vertrauenskreises« auseinander und entscheiden, in diesen Kreis einzusteigen.
- *Dem »Vertrauenskreis« folgen:* Sie üben sich darin, die einzelnen Elemente des »Vertrauenskreises« in Ihre Situation zu übertragen, damit dem »Vertrauenskreis« zu folgen und Vertrauen Raum zu geben.
- *Motivierendes und Hilfreiches sehen:* Sie entdecken und fördern, was motivierend und hilfreich ist, wenn es darum geht, Vertrauen Raum zu geben.
- *Demotivierendes und nicht Hilfreiches sehen:* Sie erkennen, wo Sie stolpern.

Im Folgenden werden Sie dazu ermutigt, diese fünf Elemente in Ihre Situation zu übertragen. Sie werden damit die Voraussetzungen schaffen, in denen Vertrauen wachsen kann.

Gewichten Sie wiederum so, wie Sie es für richtig halten. Erinnern Sie sich auch hier an die drei praktischen Tipps aus Kapitel 1.5 und passen Sie diese der Thematik dieses Kapitels an. Und auch hier gilt: Die Arbeit mit diesen Elementen darf und soll anregend sein!

| Element 1 | Vertrauen als Thema einbeziehen |

> ⇨ *Welchen Stellenwert hat Vertrauen in meiner Situation?*

Vielleicht haben Sie sich diese Frage bisher nicht gestellt. Indem Sie Ihre Antwort finden, beschäftigen Sie sich mit einigen Grundfragen im Leben: Was gibt Anlass, zu vertrauen? Was vermittelt Zuversicht und Mut? Diese Auseinandersetzung rückt Ihre Situation erneut in ein noch anderes Licht; es geht auch darum, wie Sie vertrauensvoll leben können.

Möglichkeiten, wie Sie Ihre Antwort finden können:

- Formulieren Sie in ein, zwei Sätzen, worauf Sie vertrauen. Erkunden Sie, wie sich dies im Alltag auswirkt.
- Blicken Sie auf Ihr Leben zurück. Vergegenwärtigen Sie sich, was Ihr Vertrauen gestärkt hat, wann Vertrauen allenfalls auch verletzt worden ist. Beobachten Sie, wie sich Ihre »Vertrauensgeschichte« in der Gegenwart bemerkbar macht. Welche Erfahrungen geben Ihnen Anlass, heute zu vertrauen?
- Klären Sie den aktuellen Stellenwert von Vertrauen. Stellen Sie sich eine Skala von 0–10 vor. 0 bedeutet: »Vertrauen spielt absolut keine Rolle.« 10 bedeutet: »Vertrauen spielt eine zentral wichtige Rolle.« Wo stufen Sie den Stellenwert von Vertrauen aktuell ein? Was veranlasst Sie dazu, so und nicht anders einzustufen?
- Wie stehen Sie zum Satz »Vertrauen ist Vertrauen ins Leben«? Welchen Zugang haben Sie zu den in Kapitel 3.1 beschriebenen Lebensprinzipien? Welche dieser Prinzipien spielen für Sie aktuell eine Rolle?

Berücksichtigen Sie Folgendes:

- Finden Sie Ihre Antwort auf die Leitfrage möglichst spontan. Nehmen Sie Impulse wahr, die sich unmittelbar in den Vordergrund drängen. So finden Sie am direktesten Ihren eigenen, natürlichen Zugang zum Thema Vertrauen.
- Strengen Sie sich nicht an. Lassen Sie kommen, was kommt. Wenn

Sie im Moment wenig mit dem Thema Vertrauen anfangen können – akzeptieren Sie dies als das, was jetzt ist. Gehen Sie weiter zu Element 2. Sie können in den »Vertrauenskreis« einsteigen, ohne klar zu sehen, welchen Stellenwert Vertrauen in Ihrer Situation momentan spielt.

- Analysieren und werten Sie nicht. Ob Sie viel oder wenig Vertrauen feststellen – nehmen Sie dies einfach wahr. Suchen Sie keine Erklärungen, warum dies so ist. Machen Sie nichts und niemandem Vorwürfe dafür, wenn Vertrauen allenfalls auf der Strecke geblieben ist. Das lenkt ab. Bleiben Sie bei dem, was Sie jetzt erkennen können. Das führt weiter.

Anregungen fürs Weitergehen:

- Halten Sie in Ihrem Notizbuch Ihr Verständnis von Vertrauen fest. Notieren Sie, was Sie beobachtet und erkannt haben, was Ihnen aufgefallen ist. Damit machen Sie Ihren Ausgangspunkt klar. Es wird interessant sein, später Ihre Notizen zu lesen und zu beobachten, wie sich Ihr Zugang zum Thema Vertrauen allenfalls verändert.
- Vergegenwärtigen Sie sich, was Ihnen besonders wichtig wird. So ergeben sich Schwerpunkte für die weitere Beschäftigung mit dem Thema. Beispielsweise haben Sie erstaunt festgestellt, dass Sie sich bisher kaum mit der Frage beschäftigt haben, welchen Stellenwert Vertrauen in Ihrer Situation hat. Sie wollen sich mehr mit dem Thema beschäftigen.
- Achten Sie im Alltag bewusst auf die Rolle von Vertrauen. Beobachten Sie, in welchen Momenten Ihr Vertrauen stärker und in welchen es schwächer ist. So erhalten Sie Informationen darüber, was Ihr Vertrauen stärkt und was es schwächt. Auf dieser Basis können Sie Ideen entwickeln, wie Sie dem, was Ihr Vertrauen stärkt, mehr bzw. dem, was Ihr Vertrauen schwächt, weniger Raum geben wollen.
- Finden Sie Ihren eigenen Zugang zu den in Kapitel 3.1 beschriebenen Lebensprinzipien. Gehen Sie mit offenem Geist durch die Natur. Beobachten Sie, was Sie von diesen Prinzipien erkennen. Schauen Sie einen Dokumentarfilm oder lesen Sie Artikel über

den Weltraum, die Entstehung der Erde, Tierverhaltensforschung usw. Seien Sie aufmerksam für Menschen, in deren Lebensweise etwas von diesen Prinzipien zum Ausdruck kommt, und beobachten Sie, wie das auf Sie wirkt. Dies wird Sie anregen, sich weiter für diese Prinzipien zu öffnen.

Element 2	In den »Vertrauenskreis« einsteigen

⇨ *Steige ich in den »Vertrauenskreis« ein?*

Indem Sie Ihre Antwort auf diese Frage finden, klären und entscheiden Sie, wie wichtig es Ihnen ist, Vertrauen aktiv Raum zu geben. Sie klären damit letztlich erneut, inwieweit Sie Verantwortung für Ihre Entwicklung übernehmen, wie Sie dies schon in Kapitel 2.5 getan haben.

Möglichkeiten, wie Sie Ihre Antwort finden können:

- Zeichnen Sie den »Vertrauenskreis« mit seinen fünf Elementen in Ihr Notizbuch. Notieren Sie bei jedem Element stichwortartig, was Ihnen dazu in den Sinn kommt – Gedanken, Erfahrungen, Erkenntnisse, Ideen, offene Fragen. Welches Bild ergibt sich? Haben Sie den »Vertrauenskreis« verstanden?
- Erkunden Sie, warum es für Sie Sinn macht, in diesen Kreis einzusteigen. Halten Sie die wichtigsten Gründe in Ihrem Notizbuch fest.
- Woran ist erkennbar, dass Sie in diesen »Kreis« einsteigen?

Berücksichtigen Sie Folgendes:

- Steigen Sie an einem für Sie geeigneten Ort ein. Erinnern Sie sich an Kapitel 3.2: Sie können bei jedem Element beginnen. Finden Sie heraus, was am nächsten liegt, was Ihrer Persönlichkeit am meisten entspricht und/oder aktuell angemessen ist.
- Gehen Sie spielerisch vor – wie ein Kind, das Neues entdeckt und ausprobiert. Steigen Sie in den »Vertrauenskreis« ein, wo Sie Motivation und Interesse spüren.
- Beginnen Sie mit angemessenen Schritten. Überfordern Sie sich

nicht damit, gleich den ganzen Kreis durchlaufen zu müssen. Beginnen Sie irgendwo mit kleinen Schritten. So kommen Sie in den Kreis. Weitere Schritte werden sich ergeben.

Anregungen fürs Weitergehen:

- Nehmen Sie wahr, was sich durch Ihren Entscheid, in den »Vertrauenskreis« einzusteigen, verändert. Beobachten Sie, wie sich dieser Entscheid auswirkt. Spüren Sie wachsende Motivation? Bekommt Ihr Selbstvertrauen Auftrieb? Haben Sie das Gefühl, mehr Klarheit zu haben, wie Sie vorgehen wollen? Indem Sie erste Veränderungen – und seien diese noch so klein und unscheinbar – wahrnehmen, wird Ihre Motivation zusätzlich aktiviert.
- Sammeln Sie erste Erfahrungen. Probieren Sie verschiedene Schritte aus. Machen Sie ruhig auch Schritte in mehreren Elementen. Beschäftigen Sie sich beispielsweise an einem Tag mit den Lebensprinzipien, experimentieren Sie an einem anderen Tag damit, bewusst offen zu sein, achten Sie an einem weiteren Tag auf Erfahrungen usw. Gönnen Sie sich auszuprobieren. So machen Sie sich mit den einzelnen Elementen vertraut und finden sich auf natürliche Weise im »Vertrauenskreis« zurecht.
- Halten Sie nach einer ersten Einstiegsphase inne und vergegenwärtigen Sie sich den ganzen »Vertrauenskreis«. Es ist sinnvoll, sich immer wieder an den ganzen Kreis zu erinnern, sich zu vergegenwärtigen, wo man gerade ist. Dies fördert das Bewusstsein für die einzelnen Elemente und für das Unterwegssein im ganzen Kreis.

Dem »Vertrauenskreis« folgen — Element 3

⇨ *Wie bin ich im »Vertrauenskreis« unterwegs?*

Wenn Sie erkunden, wie Sie im »Vertrauenskreis« unterwegs sind, vergegenwärtigen Sie Ihren Prozess und erhalten Informationen, wie Sie weitergehen können. Sie vertiefen Ihr Verständnis des »Vertrauenskreises«.

Möglichkeiten, wie Sie Ihre Antwort finden können:

- Nehmen Sie die Skizze in Ihrem Notizbuch mit dem »Vertrauenskreis« hervor. Betrachten Sie den Kreis und Ihre Stichworte zu den fünf Elementen. Erkunden Sie, welche Erfahrungen Sie bisher beim Vorwärtsgehen entsprechend »Vertrauenskreis« gemacht haben. Halten Sie die wichtigsten Beobachtungen und Erkenntnisse fest.
- Machen Sie ein Brainstorming: Notieren Sie stichwortartig, was sich verändert hat, seit Sie in den »Vertrauenskreis« eingestiegen sind. Schreiben Sie auf, was Ihnen spontan in den Sinn kommt. Filtern und ordnen Sie nicht. Lassen Sie kommen, was kommt. Schauen Sie sich anschließend das Resultat an. Was zeichnet sich ab?
- Schauen Sie Ihre Skizze erneut an. Welche Elemente des »Vertrauenskreises« sind im Moment besonders wichtig?

Berücksichtigen Sie Folgendes:

- Zerren Sie nicht an der wachsenden Pflanze. Widerstehen Sie allfälligen Impulsen, Prozesse zu beschleunigen oder Resultate abzuzwingen. Wenn Sie im Moment noch keine großen Veränderungen wahrnehmen, noch wenig Vertrauen spüren, noch nicht »angekommen« sind – zweifeln Sie nicht und machen Sie keinen Druck. Machen Sie den nächsten Schritt. Erinnern Sie sich: Eine Pflanze wächst nicht, indem Sie an ihr zerren, sondern indem Sie ihr Wasser geben. Geben Sie Ihrem Vertrauen Raum.
- Gestehen Sie sich Rückfälle zu. Nehmen Sie es sich nicht übel, wenn Sie zwei Schritte nach vorn und dann wieder einen zurück machen. Bestrafen Sie sich nicht für Rückfälle. Damit geben Sie diesen nur Aufmerksamkeit. Erkunden Sie, ob ein Rückfall aufmerksam macht auf etwas, was Sie übersehen haben. Gehen Sie dann vorwärts.
- Geben Sie schlechten Erfahrungen keine Macht. Erinnern Sie sich daran, dass sich schlechte Erfahrungen nicht verhindern lassen. Schauen Sie genau hin, erkunden Sie, ob Sie etwas an Ihrem Wahrnehmen oder Handeln ändern müssen – und gehen Sie weiter.

Lassen Sie nicht zu, dass schlechte Erfahrungen Macht bekommen über Ihr Leben. Steigen Sie nicht wegen schlechten Erfahrungen aus dem »Vertrauenskreis« aus.
- Bleiben Sie dran. Nehmen Sie sich immer wieder an der Hand. Öffnen Sie sich immer wieder für Lösungen. Lenken Sie Ihre Wahrnehmung immer wieder auf das, was motivierend und hilfreich ist. Bringen Sie immer wieder Entschlossenheit und Mut auf zu handeln. Nehmen Sie wahr, was Sie dabei erfahren und was sich verändert. Nehmen Sie Signale wachsenden Vertrauens wahr. Zur gegebenen Zeit werden Sie für Ihre Ausdauer belohnt.

Anregungen fürs Weitergehen:

- Halten Sie immer wieder inne und vergegenwärtigen Sie sich, was Sie motiviert, weiterhin dem »Vertrauenskreis« zu folgen. Orientieren Sie sich daran. So erinnern Sie sich immer wieder, warum Sie so unterwegs sind, wie Sie es sind. Sie erinnern sich an Ihren Entscheid, dem »Vertrauenskreis« zu folgen, und überprüfen zugleich, ob Sie bei diesem Entscheid bleiben. Indem Ihnen klar ist, was Sie motiviert, diesem Kreis weiter zu folgen, stärken Sie Ihre Ausdauer und sind in der Lage, auch in anstrengenden, entmutigenden Momenten dranzubleiben
- Übertragen Sie Ihre Erfahrungen mit dem »Vertrauenskreis« nach und nach auf weitere Lebensbereiche. Experimentieren Sie damit, das, was Sie beispielsweise in Bezug auf den Umgang mit einer Krankheit geübt haben, auf die Gestaltung Ihrer Partnerschaft zu übertragen. So erweitern und vertiefen Sie Ihre Erfahrungen mit dem »Vertrauenskreis«.

Motivierendes und Hilfreiches sehen — Element 4

⇨ *Was ist motivierend und hilfreich im »Vertrauenskreis«?*

Wenn Sie sich auch im »Vertrauenskreis« darin üben, konsequent auf Motivierendes und Hilfreiches zu achten, werden Sie stets besser wissen, was diesen Prozess fördert.

Auch hier gilt: Wenn Sie bei den Elementen 1 bis 3 gut vorangekommen und flott im »Vertrauenskreis« unterwegs sind, können Sie gleich zum Zwischenhalt in Kapitel 3.6 weitergehen. Wenn Sie aber zusätzliche Anregungen für nützlich halten, finden Sie diese hier.

Möglichkeiten, wie Sie Ihre Antwort finden können:

- Achten Sie ein paar Tage lang besonders darauf, wie es Ihnen gelingt umzusetzen, was Sie über den »Vertrauenskreis« gelernt haben. Was ermuntert Sie, offen zu sein? Was hilft Ihnen, zu sehen und zu akzeptieren, was ist? Was veranlasst Sie, Neues zu wagen? Was unterstützt Sie, den eigenen Weg zu gehen? Wie schaffen Sie es, sich auf das hier und jetzt Mögliche zu konzentrieren? Was hilft Ihnen im Umgang mit Rückfällen und Misserfolgen? Was motiviert Sie, Zeichen wachsenden Vertrauens wahrzunehmen?
- Lassen Sie am Abend den Tag wie einen Film ablaufen. Vergegenwärtigen Sie sich Momente, in denen Sie zügig vorangekommen sind, in denen Sie Leichtigkeit und Zuversicht spürten und ein inneres Wissen hatten, dass Sie gut unterwegs sind. Was hat dazu beigetragen, dass es zu diesen Momenten gekommen ist? Was trägt dazu bei, dass Ihr Vertrauen wächst?

Berücksichtigen Sie Folgendes:

- Üben Sie weiterhin, auch scheinbar Nebensächliches zu beachten. Alles, was Sie in irgendeiner Weise unterstützt, dem »Vertrauenskreis« zu folgen, ist wichtig.
- Sehen Sie wachsendes Vertrauen als Hinweis auf Fortschritt und Wachstum. Wachsendes Vertrauen ist Zeichen dafür, dass Sie in einer Weise wahrnehmen und handeln, die Sie vorankommen lässt. Es ist ein Zeichen dafür, dass Sie positive Erfahrungen machen. Wenn Sie genau hinschauen, erkennen Sie, was zu dieser erfreulichen Entwicklung beigetragen hat, und erhalten so wichtige Informationen, was Sie weiterkommen lässt und damit Ihr Vertrauen weiter stärkt.
- Lassen Sie Entdeckungen darüber, was unterstützend ist, zu ihrer

Zeit kommen. Seien Sie einfach aufmerksam dafür. Wenn Sie noch nicht so deutlich erkennen, was Sie unterstützt, dem »Vertrauenskreis« zu folgen – machen Sie kein Thema daraus. Gehen Sie weiter und berücksichtigen Sie die Elemente des »Vertrauenskreises« so gut, wie es Ihnen möglich ist. Ziehen Sie allenfalls Kapitel 3.3 bei. Antworten werden sich ergeben.

Anregungen fürs Weitergehen:

- Entwickeln Sie Ideen, wie Sie dem, was sich im »Vertrauenskreis« als unterstützend erweist, mehr Raum geben können. Wenn Sie etwa beobachten, dass die Beschäftigung mit dem Thema Vertrauen dazu geführt hat, dass Sie entspannter vorwärtsgehen: Wie wollen Sie sich weiter mit diesem Thema beschäftigen? Wenn es Sie ermutigt hat zu realisieren, dass sich früher Lösungen ergeben haben, die übertrafen, was Sie sich hätten ausdenken können: Wie können Sie sich diese Erfahrung gegenwärtig halten, vor allem in Situationen, in denen Sie zweifeln? Wenn es Ihnen letzthin gelungen ist, nach einer schlechten Erfahrung nicht völlig entmutigt zu sein, sondern sich an der Hand zu nehmen: Wie können Sie das wieder so machen, wenn nicht alles rund läuft? So erweitern Sie das, was sich als unterstützend erweist. Die Erkenntnis, dass Sie in diesem Prozess immer mehr Ideen und Lösungen entwickeln, wird Ihr Selbstvertrauen und Ihr Vertrauen »anzukommen« stärken.

- Geben Sie bei Bedarf Motivierendem und Hilfreichem mit zusätzlichen Maßnahmen Raum. Schreiben Sie etwa die Lebensprinzipien auf eine Karte, tragen Sie diese bei sich und lesen Sie die Karte mehrmals täglich. Machen Sie dasselbe mit Zitaten, Gedichten oder eigenen Gedanken, die Sie darin unterstützen, dem »Vertrauenskreis« zu folgen. So erinnern Sie sich immer wieder daran, was Anlass gibt zu vertrauen. Oder lesen Sie Biografien von Menschen, die ihren Weg gegangen und »angekommen« sind. Das ermutigt Sie auf Ihrem eigenen Weg. Erstellen Sie eine Liste mit Stichworten, die Sie daran erinnern, warum es auch in Ihrer Situation Anlass gibt zu vertrauen. Ergänzen Sie die Liste laufend, halten Sie neue Erfahrungen, die Ihr Vertrauen stärken, mit einem weiteren Stichwort fest. Solche Maßnahmen erinnern Sie immer wieder an den »Vertrauenskreis«, an Ihren Entscheid, diesem Kreis zu folgen, sowie an das, was Sie dabei ermuntert und stärkt.

Element 5: Demotivierendes und nicht Hilfreiches sehen

⇨ *Was ist demotivierend und nicht hilfreich im »Vertrauenskreis«?*

Wenn Sie die Bereitschaft aufbringen zu erkunden, was Sie im »Vertrauenskreis« allenfalls beeinträchtigt, legen Sie die Basis, anders vorwärtszugehen. Sie werden Demotivierendes und nicht Hilfreiches immer natürlicher anschauen, einen stets besseren Kontakt zu sich selbst aufbauen und gerade dadurch Mut und Vertrauen stärken. Entscheiden Sie, ob es diesen Zwischenschritt braucht. Sonst können Sie gleich zum Zwischenhalt in Kapitel 3.6 weitergehen.

Möglichkeiten, wie Sie Ihre Antwort finden können:

- Achten Sie ein paar Tage lang besonders darauf, wo es Ihnen allenfalls schwerfällt umzusetzen, was Sie über den »Vertrauenskreis« gelernt haben. Erkennen Sie beispielsweise, wo Sie es für unmöglich halten, dass es auch in Ihrer Situation Lösungen gibt, und sich dadurch allem verschließen, was auf eine Lösung hinweisen könnte. Nehmen Sie wahr, wo Sie überzeugt sind, wenige Talente zu haben. Sehen Sie, wo Sie denken, dass das niemals gut kommen kann. Nehmen Sie zur Kenntnis, wo Sie sich gegen Ihre Situation auflehnen. Erkennen Sie, wo Sie sich davor scheuen, einen anstehenden Schritt zu wagen. Sehen Sie, wo Sie ungeduldig werden, Dinge durchdrücken wollen. Nehmen Sie wahr, wo Sie Erfahrungen stets negativ interpretieren. Erkennen Sie einen »roten Faden«?
- Lassen Sie am Abend den Tag wie einen Film ablaufen. Wo gab es heute allenfalls Situationen, in denen Sie festgelaufen sind, in denen Sie Druck und Anstrengung, vielleicht Erschöpfung spürten, entmutigt waren und sich Zweifel breitmachten? Gab

es Auslöser? Was hat dazu beigetragen, dass es zu diesen Situationen gekommen ist? Was beeinträchtigt Ihr Vertrauen?

Berücksichtigen Sie Folgendes:

- Erkunden Sie möglichst genau, was Sie ins Stolpern bringt. Ist es mangelnde Offenheit für Lösungen? Sind es bestimmte Sichtweisen oder Gedanken? Sind es bestimmte Handlungen? Sind es Ereignisse, Erfahrungen, Begegnungen? Fokussieren Sie bei Ihren Erkundungen auf die fünf Elemente des »Vertrauenskreises«. Lesen Sie allenfalls nochmals Kapitel 3.3.
- Konzentrieren Sie sich auf Ihr Wahrnehmen und Handeln. Also nicht: »Es ist demotivierend, dass die neue Therapie nicht den erwünschten Erfolg bringt.« Sondern: »Die Therapie bringt nicht den erwünschten Erfolg. Das führt dazu, dass ich Vertrauen verliere. Dies wiederum lässt mich nicht offen sein für Ideen, was ich jetzt tun kann.« So erkennen Sie, wo Sie ansetzen können: sehen und akzeptieren, was jetzt ist, und sich dadurch öffnen dafür, was Sie jetzt als Nächstes unternehmen können.
- Erkennen Sie, wo möglicherweise ein »wunder Punkt« im Spiel ist. In Kapitel 3.4 wurde beschrieben, was das ist. Schauen Sie in diesem Fall besonders genau hin. Beginnen Sie bei den Situationen: Was ist der gemeinsame Nenner dieser Situationen? Was ist charakteristisch? Erkunden Sie dann Ihr Handeln sowie Ihr Wahrnehmen. Lassen Sie den Film sozusagen rückwärts laufen. Beginnen Sie bei der Situation. Fragen Sie zurück: Welche Handlungen haben dazu beigetragen, in diese Situation zu kommen? Und welche Sicht- und Denkweisen haben wiederum zu diesen Handlungen veranlasst? Gehen Sie auf diese Weise mehrere der ähnlichen Situationen durch. So kommen Sie einem »wunden Punkt« auf die Spur, erkennen damit verbundene Muster von wahrnehmen – handeln – erfahren – interpretieren. Möglicherweise können Sie sogar erkennen, welche Erfahrungen dem »wunden Punkt« zugrunde liegen. Damit legen Sie den Boden, auf dem Sie Ihr heutiges Wahrnehmen und Handeln loskoppeln können von dem, was Sie sich allenfalls ein ganzes Leben lang angewöhnt haben. Dieser Prozess ist eine große Chance: Sie fan-

gen an, sich von etwas zu lösen, was Sie nicht weiterkommen lässt. Überfordern Sie sich dabei nicht mit der Erwartung, den »wunden Punkt« sofort und ein für alle Mal hinter sich zu lassen – etwas, was lange eingeübt worden ist, muss meist auch lange wieder abgewöhnt werden. Wahrscheinlich werden Sie in diesem einen Bereich immer so etwas wie eine Achillessehne spüren – doch Sie werden zunehmend anders damit umgehen. Der »wunde Punkt« wird immer weniger Macht über Ihr Leben haben.

- Seien Sie auch hier liebevoll mit sich selbst. Machen Sie sich und anderen keine Vorwürfe, wenn Sie ins Stolpern geraten sind. Beschuldigen Sie nichts und niemanden, weil sich allenfalls noch wenig Erfreuliches abzeichnet oder Sie wenig Vertrauen spüren. Sie dürfen stolz sein auf sich, dass Sie Bereitschaft aufbringen, sich Zeit nehmen und genau hinschauen. Vorwürfe schwächen Sie. Hinschauen lässt Sie erkennen, wie Sie anders weitergehen können.

Anregungen fürs Weitergehen:

- Entwickeln Sie Ideen, wie Sie dem, was Sie im »Vertrauenskreis« beeinträchtigt, weniger Raum geben können. Wie können Sie *anders* vorgehen? Wenn Sie etwa feststellen, dass Sie sich auf eine einzige Lösung versteifen: Was würde Ihnen helfen, den Blick zu öffnen und zusätzliche Möglichkeiten zu erkunden? Vielleicht sitzen Sie mit einem Freund zusammen und machen ein Brainstorming. Oder, falls Zweifel jegliches Vertrauen im Keim ersticken: Überprüfen Sie diese Zweifel kritisch, finden Sie heraus, was Sie ihnen entgegensetzen können. Erkunden Sie, was Sie in Momenten machen, in denen Sie nicht zweifeln. Oder, falls Sie sich schnell runterziehen lassen, wenn etwas nicht auf Anhieb gelingt: Was können Sie das nächste Mal, wenn dies wieder der Fall ist, tun? Und so weiter. Experimentieren Sie mit neuen Sicht- und Vorgehensweisen. Überall, wo es Ihnen gelingt, sich zu öffnen, anders wahrzunehmen und zu handeln, können Sie flotter im »Vertrauenskreis« vorwärtsgehen.
- Unterstützen Sie sich bei Bedarf mit zusätzlichen Maßnahmen

darin, Demotivierendem und nicht Hilfreichem Einfluss zu entziehen. Erstellen Sie beispielsweise eine Liste von all den Situationen, in denen es Ihnen gelungen ist, nicht Hilfreichem etwas Neues entgegenzustellen. So erinnern Sie sich daran, dass es möglich ist, Stolpersteine aus dem Weg zu räumen. Oder machen Sie jeden Tag bewusst etwas, was Ihnen Freude bereitet. Die Erfahrung, dass Sie in der Lage sind, dies zu tun, sowie die Energie, die Ihnen dies gibt, werden Sie ermutigen, Demotivierendem nicht weiter Macht zu geben. Pflegen Sie den Kontakt mit Menschen, die Sie unterstützen, Ihren Weg vertrauensvoll zu gehen, und die Ihnen vermitteln, dass nicht alles auf Anhieb perfekt gelingen muss.

- Seien Sie kein Eisbär in der Wüste. Wenn Sie bei Ihren Erkundungen zum Schluss kommen, dass Sie bei all Ihren Schritten, bei aller Motivation und Aufrichtigkeit, dem »Vertrauenskreis« zu folgen, im gegenwärtigen Umfeld an einen Punkt gekommen sind, wo Sie nicht weiterkommen können – haben Sie den Mut, in Erwägung zu ziehen, das Umfeld zu wechseln. Es gibt Situationen, in denen dies erforderlich ist.
- Wenn Sie trotz aller Bereitschaft und Motivation über längere Zeit nicht vorankommen, Sie immer wieder neu festlaufen und allmählich nicht mehr wissen, was Sie jetzt noch tun können, ist es klug, professionelle Unterstützung in Anspruch zu nehmen.

3.6 Zwischenhalt

> »Wer vertrauensvoll auf seinem Traumpfad
> vorwärtsschreitet und bestrebt ist,
> das Leben, das er sich vorgestellt hat, zu leben,
> wird von einem Erfolg begleitet sein,
> der gewöhnlich nicht zu erwarten ist.«
> Sergio Bambaren

Wenn Sie sich auch auf Kapitel 3 eingelassen, sich mit dem Thema Vertrauen beschäftigt haben, haben Sie erneut sehr wichtige Schritte gemacht: Sie haben den Boden gelegt, aktiv zu sein und zugleich offen zu bleiben. Wenn Sie sich Zeit genommen haben, die Inhalte dieses Kapitels in Ihre Situation zu »übersetzen«, dann haben Sie begonnen, Vertrauen Raum zu geben. Sie werden zunehmend zu verstehen begonnen haben, dass Sie Prozesse und Resultate nicht abzwingen müssen, sondern zulassen dürfen – und gerade dadurch auf eine überaus produktive Weise aktiv sein können.

Die Belohnung für Ihre Arbeit: Sie wissen, dass es genügt, offen zu sein, bewusst wahrzunehmen und entschlossen zu handeln. Dadurch gehen Sie entspannter vorwärts. Das ist der beste Boden für Ideen, Lösungen und positive Resultate. Vielleicht erfahren Sie, dass Sie Ihren Weg stets vertrauender gehen – und flotter vorankommen.

Überaus wichtig und ermutigend ist dabei: Sie brauchen nicht ein ausgeprägtes Vertrauen zu *haben*, um Vertrauen Raum geben zu können. Ihr Vertrauen kann angeschlagen sein, und doch können Sie in den »Vertrauenskreis« einsteigen. Ihr Vertrauen kann Ihnen abhandengekommen sein, und doch können Sie so wahrnehmen und handeln, dass sich dies ändert.

Ich kann Ihnen dies aus eigener Erfahrung erzählen und Sie aus eigener Erfahrung ermutigen. Vertrauen war in meinem Leben nicht automatisch gegeben. Was es zusätzlich nicht einfacher machte, vertrauend und voller Energie vorwärtszugehen, war eine schwere Hautkrankheit, die während vieler Jahre mein

Leben prägte. Doch ich bin immer meinen Weg gegangen. Ohne es mir so bewusst zu sein, bin ich immer meinem motivierenden Horizont gefolgt. Mein Idealismus – das Ausgerichtetbleiben auf meinen Horizont – hat mir geholfen, schwierige Phasen durchzuhalten. Mein Wahrnehmen und Handeln führte dazu, dass mein Vertrauen sich entwickeln konnte, ich vorwärtskam und Sie unter anderem heute mit diesem Buch dazu ermutige, ebenfalls vorwärtszugehen. Ich habe Vertrauen Raum gegeben, indem ich meinem motivierenden Horizont – mir selbst – treu blieb. Und ich bin »angekommen«. Mit meiner eigenen Geschichte ermutige ich Sie, ebenfalls loszuziehen – auch wenn Sie wenig Vertrauen haben. Ich ermutige Sie, Ihren eigenen Weg zu gehen, den Mut dazu aufzubringen, dranzubleiben – und sich überraschen zu lassen von dem, was entsteht.

Wenn Sie Vertrauen als Thema in Ihr Leben einbeziehen, öffnen Sie die Tür, durch die Vertrauen Eingang finden kann und wird.

Für Menschen in sehr kritischen Situationen mit vielleicht nur beschränkten Änderungsmöglichkeiten kann ich wiederum nur sagen: Es ist auch in Ihrer Situation möglich, Vertrauen Raum zu geben. Auch wenn Sie vielleicht nicht alles erreichen können, was möglich wäre, so können Sie sich jetzt öffnen für etwas, das Ihnen hilft, Sie unterstützt oder etwas neuen Mut gibt. So können Sie erfahren, dass es Momente der Verbesserung gibt. Das sind Momente, die Vertrauen wachsen lassen.

4 Was Sie gewinnen, wenn Sie Veränderung wagen

»*Ich brauche nicht anders zu werden,
ich brauche mich lediglich daran zu erinnern,
wer ich wirklich bin.*«
Anonym

Sie sind ans Ende gekommen mit der Lektüre dieses Buches.

Sie haben sich mit den drei Dimensionen beschäftigt, die ermöglichen, Veränderung für Ihr persönliches Wachstum zu nutzen und entsprechend vorwärtszugehen. Sie haben sich dafür sensibilisiert, wie entscheidend wichtig Ihre Wahrnehmung ist für die Art, wie Sie einer Veränderung begegnen. Sie haben sich bewusst gemacht, dass Sie Kurs auf einen motivierenden Horizont zu nehmen haben, um in positive Situationen gelangen zu können. Und Sie haben sich damit beschäftigt, wie wichtig Vertrauen »anzukommen« ist, wenn es darum geht, Veränderung nicht nur bewusst und entschlossen, sondern auch offen, ohne Resultate abzwingen zu wollen, anzugehen.

Durch die Lektüre werden Sie wohl angefangen haben, der bei Ihnen aktuell anstehenden Veränderung, aber auch Veränderungen im Allgemeinen anders zu begegnen. Sie werden besser verstehen, dass Veränderung mehr ist als allenfalls lästiger Störenfried. Sie werden immer mehr begreifen, dass Veränderungen Sie nicht einfach irgendwie überkommen – sondern dass Sie beteiligt sind und die Möglichkeit haben, immer wieder neu das Ruder in die Hand zu nehmen. Sie werden Veränderung verstärkt wahrnehmen als Impuls, mehr zum Ausdruck zu bringen, was in Ihnen angelegt ist. Sie werden jede Veränderung ein Stück mehr als Anlass verstehen zu persönlichem Wachstum, als Anlass, sich zu erinnern und stets mehr zu werden, wer Sie sind.

»Veränderung wagen und gewinnen« ist für jeden Menschen möglich. Ein produktiver Umgang mit Veränderung ist mit konkreten Schritten verbunden, die Sie an Ihrem Ort, auf Ihre Weise gehen, in denen Sie sich üben können. Wo Sie diese Schritte machen, spüren Sie, dass Sie mit stets mehr Motivation und Tatkraft, zugleich auch mit mehr Leichtigkeit und Freude unterwegs sind. Sie erfahren, dass es zu Verbesserungen kommt, dass Sie in Situationen gelangen, die Ihnen stets mehr entsprechen. Dies wird Sie ermutigen, weiterzugehen. Sie werden stets schneller sehen, was ansteht, und wissen, was Sie tun wollen. Sie werden stets entschlossener und mutiger Ihren Weg gehen. Ihr Vertrauen, dass es auch für Sie möglich ist, vorwärtszukommen, wird stets ausgeprägter. Freuen Sie sich an den Momenten, in denen Sie spüren, wie Sie mit immer mehr Leichtigkeit vorankommen. Lassen Sie sich nicht entmutigen von Momenten, in denen nicht alles rund läuft. Sie wissen, wie Sie vorgehen können. Und Sie wissen, dass es möglich ist, solche Momente hinter sich zu lassen.

Damit ist jetzt der Koffer gepackt. Sie haben alles dabei, was Sie benötigen, um Veränderungen produktiv begegnen zu können. Sie wissen, was es braucht, um jede Veränderung mutig und zugleich offen anzugehen. Sie haben Erfahrungen gesammelt. Sie haben den Koffer mit Ihrem Wissen und Ihren Erfahrungen nun immer dabei. Sie können Ihr Leben immer wieder neu in die Hand nehmen. Sie können Ihren Kurs immer wieder neu überprüfen und allenfalls korrigieren. Sie können selbstverantwortlich, frei und vertrauend vorwärtsgehen.

Ich wünsche Ihnen viel Freude, Inspiration und Mut im Vorwärtsgehen. Ich wünsche Ihnen Resultate, die Sie erfahren lassen, dass Ihr motivierender Horizont Wirklichkeit werden kann, dass es tatsächlich nie zu spät ist, »*so zu sein, wie man es gerne gewesen wäre.*« Alles Gute!

Bücher zum Weiterlesen

Für Professionals und alle, die mehr zu diesem Ansatz wissen wollen
Tobler, Sibylle (2021). Veränderungskompetenz fördern. Stuttgart: Kohlhammer

Bewusst wahrnehmen
Martens-Kuhl, Jens-Uwe (2009). Einstellungen erkennen, beeinflussen und nachhaltig ändern. Stuttgart: Kohlhammer
Schwartz, David J. (2009). Denken Sie groß! München: Ariston
Sprenger, Reinhard (2016). Die Entscheidung liegt bei dir! Frankfurt a. M.: Campus

Kurs nehmen auf einen motivierenden Horizont
Berckhan, Barbara (2. Aufl. 2004). Lieber das Blatt wenden als dauernd in Frust enden. München: Kösel
Knoblauch, Jörg et al. (5. Aufl. 2007). Dem Leben Richtung geben. Frankfurt a. M.: Campus
Krelhaus, Lisa (2006). Wer bin ich – wer will ich sein? München: mvg

Mit dem Leben zusammenarbeiten
Dyer, Wayne W. (2005). Mit Absicht. München: Goldmann

Stolpersteine erkennen und Ressourcen entdecken
Baum, Jens (2006). Keine Angst vor morgen. München: mvg
Dehner, Renate und Ulrich (3. Aufl. 2019). Steh dir nicht im Weg! Frankfurt a. M.: Campus
Dyer, Wayne W. (41. Aufl. 2013). Der wunde Punkt. Reinbek: Rowohlt
Tobler, Sibylle (2015). Die Kunst, über den eigenen Schatten zu springen oder wie Sie Schwierigkeiten bei Neuanfängen meistern. Stuttgart: Klett-Cotta